I0823498

Bad hombre

POLA OLOIXARAC

Bad hombre

RANDOM HOUSE

Papel certificado por el Forest Stewardship Council®

Primera edición: noviembre de 2024

Fotografía de p. 31: retrato de Hermann von Keyserling, autor anónimo
Imagen de pp. 135 y 136: portada del libro *Leviathan*, por Abraham Bosse
Fotografía de p. 137: archivo personal de la autora

Printed in Spain – Impreso en España

ISBN: 978-84-397-4443-6
Depósito legal: B-16.047-2024

Impreso en Liberdúplex (Sant Llorenç d'Hortons, Barcelona)

RH44436

A mi abuela Olga Byrne y su hermana,
in memoriam

But the Almighty Lord hath struck him,
and hath delivered him into the hands of a woman.
La Vulgata, Judith, XVI 7

I will revenge my injuries,
and if I cannot inspire love, I will cause fear.
Frankenstein, Mary Shelley

El violador eres tú.
Las Tesis

Esta es una historia real y, como tal, debe incluir una confesión. Entre 2016 y 2018 fui contactada por distintas mujeres para que las ayudara con una tarea muy específica: querían arruinarles la vida a ciertos hombres. Las acusaciones variaban, pero eran terribles, incluso escalofriantes según el caso; el asunto era urgente, y requería actuar de forma rápida. Ellas no se conocían entre sí, pero yo conocía a algunos de los hombres en cuestión, y por eso me escribían. El plan era unirnos para darles un castigo ejemplar: que las vidas normales de estos hombres, tal como habían transcurrido hasta entonces, desaparecieran bajo los escombros de una revelación que los marcaría de manera irreversible.

Algunos de estos hombres eran mis amigos, con otros mantenía cierta camaradería cordial; a otros no los conocía en absoluto. Lo mismo podría decir de estas mujeres: algunas eran amigas, y a otras no las conocía para nada. A veces eran mensajes que me llegaban por email, por Facebook o Instagram, avisándome que equis hombre era buscado por violador, o por haber cometido actos de violencia de género; otras, fueron mujeres que me contactaron para decirme que alguien a quien yo conocía era un violador serial, y me invitaban a formar parte del castigo. Sentí la atracción del contagio y del secreto, de que algo terrible había pasado y que había que hacer justicia, de que cierta conjunción de circunstancias me volvía parte de su historia y me conectaba con su peligro, con la zona de oscuridad de donde venían. Había entrado en un teatro de operaciones marcado por la furia y un espíritu de época que se abría como un permiso, una oportunidad. La etiqueta #Hermanayotecreo acababa de formarse en las trincheras online, una bola incandescente que prendía la conversación al rojo vivo: cada día surgía una nueva acusación, un nuevo hombre señalado, como si todas hubieran decidido hablar al mismo tiempo y un remolino de catástrofe y espanto arrastrara a los culpables. Entré, de un día para otro, en una situación detectivesca, organizando encuentros discretos con algunas de estas mujeres y analizando mensajes intensos que corrían bajo las palabras. No tardé en encontrarme con los hombres también —aunque eso no formaba parte del plan inicial—. Empecé a juntarme con ellos en secreto y a pagarles las copas para hacerlos hablar. Quería entender qué habían hecho, qué había pasado, quiénes eran de verdad.

Por esa época, Donald Trump había puesto en boga la expresión *bad hombres*, que me fascinó al instante: se refería a masculinos que hablaban en español (latinoamericanos que, como yo, vivían en Estados Unidos) y cuya presencia era indeseable en ese país; seres que, de una manera más general, no formaban parte del *Estado de derecho*, porque para ellos el destino que les era más apropiado era esconderse o escaparse de la policía. Las feministas y los seguidores de Trump no eran las mismas personas, ni tampoco tenían una ideología en común (de hecho, estaban en las antípodas), pero había algo clandestino y viral en esos *bad hombres*, como el encuentro surrealista de una máquina de coser y de un paraguas en una mesa de disección, solo que en lugar de una máquina y un paraguas se trataba de dos guerras culturales diferentes, inclinándose sobre un hombre que ya había sido declarado culpable y yacía, sin poder oponer resistencia, a merced de un escalpelo furioso.

Desde el principio, consumí a cada uno de estos *bad hombres* que de pronto habían llegado a mis manos como se consume una historia. Me sentí guardando cierta distancia como ante una bestia, algo de lo que no se puede hablar y sin embargo no deja de transmitir señales: una cosa amorfa, viva, que está temblando, a la que es peligroso acercarse, que circula por debajo, que no puede simplemente *hablar* para transmitirse, a la que no le basta decir para explicar su verdad. Al principio, fue como si me hubiese contagiado de una enfermedad de la que no podía deshacerme, que se había encaramado sobre mí y que no podía extirpar; luego, con el correr del tiempo, empecé a sentir que me volvía parte de un cuerpo nuevo y brutal.

VULVA INTER VULVAE

En junio de 2017, cuando aún vivía en San Francisco, recibí un mensaje de mis editores alemanes. Querían hablar por teléfono. No conocía la voz de Marco, el editor en jefe, no lo había visto nunca, pero era evidente por el tono cortante del email que se trataba de un asunto urgente. Estaban preocupados, el director del Festival Internacional de Literatura de Berlín (a donde me habían invitado) los había contactado, les había pedido explicaciones y ellos preferían hablar conmigo antes de que el director mismo me llamara. Su amabilidad y su cortesía le volvían difícil transmitir lo que había pasado: estaban estudiando suspender mi participación en el festival de Berlín, me dijo sin respirar. Había llegado una carta del despacho del director del festival donde se le informaba que yo era una "voz negacionista" (*negationistiche Stimme*). Una vez que logró decirlo, Marco repitió *negationistiche Stimme* como en un ensueño atroz, ¿entendía yo qué significaba eso? ¿Lo que eso implica en Alemania? La carta insinuaba que se realizarían "escraches" contra mí en el aeropuerto de Berlín y en el festival, por lo que recomendaba que se me retirase la invitación.

¿Era yo antisemita? ¿Participaba en grupos antijudíos, había publicado o dicho algo negando la existencia de la Shoá? ¿Había puesto en duda el peor crimen de la historia de la humanidad, y esto acababa de surgir a la superficie, nada menos que en Berlín? Mis editores sabían que yo era "controversial" en Argentina, pero ni el Holocausto ni la Segunda Guerra Mundial eran mis territorios usuales; no obstante, en Alemania el negacionismo es un asunto punible por la ley, y por lo tanto no era una acusación que se hiciera livianamente, a menos que se tuvieran pruebas, porque hacerlo era justamente banalizar el Holocausto, con lo cual todos (mis editores, el director y yo) estábamos envueltos en un asunto serio, que no podía simplemente ignorarse.

Después supe que la misma carta había llegado al Ministerio de Relaciones Exteriores alemán y la Cancillería argentina en Alemania, siempre dirigida en el encabezado a la máxima autoridad. Lo más preocupante es que también había sido enviada por correo y por email a periodistas especializados en literatura latinoamericana, periodistas que habían escrito reseñas de mi novela *Kryptozän* en Alemania. Era un trabajo muy concienzudo, muy puntual, y sobre todo no había nada online. En el equipo del festival hicieron averiguaciones, pero no encontraron nada, ni acusaciones ni pruebas de las acusaciones. Sin embargo, eso no quería decir que la carta no pudiese filtrarse en internet en cualquier momento, ¿qué podría impedirlo? Era la primera vez que salía un libro mío traducido al alemán, y quien fuera que hubiese escrito esa carta difamándome se lo había tomado como una tarea personal.

Lo único que contuvo la situación fue la mala fe del caso, la mentira patética de la acusación. La carta tomaba una nota que yo había escrito para el servicio internacional de la BBC, que luego convirtieron en episodio de un pódcast, que se titulaba *Reviving and Reclaiming Culture,* donde hablaba de una retrospectiva del artista Roberto Plate, parte del foco vanguardista de los años sesenta que fue el Instituto Di Tella. En rigor no había ningún argumento "negacionista" en mi nota ni nada que se le pareciera, pero la carta *sugería* que lo había, y la sola acusación bastaba para volver real algo que no tenía nada que ver conmigo. La carta se apoyaba en una confusión, que quien la había redactado exprimía en mi contra: *negacionista significa cosas diferentes según se trate del contexto argentino o el alemán.* Yo hablaba de cómo los gobiernos usan el pasado para intentar influenciar el futuro, de cómo la era Kirchner estuvo marcada por referencias a los años setenta (el espejo donde querían reflejarse los Kirchner), y cómo el gobierno de Mauricio Macri, que recién asumía, ya era caracterizado con el léxico de la memoria y los desaparecidos, que aún son terreno de agitación política; explicaba que las Abuelas de Plaza de Mayo establecen el número oficial de desaparecidos en Argentina durante la dictadura militar en treinta mil (una cifra simbólica que engloba a aquellos que nadie denunció, como fue el caso de familias enteras desaparecidas por los militares), pero no hay acuerdo con el número que proveen otros organismos de derechos humanos, basados en las denuncias realizadas y las familias indemnizadas, unas tres veces menor. En los círculos militantes argentinos, negar el número de treinta mil se denomina "negacionista", pero yo no lo negaba, solo reportaba la existencia de la disputa. Por lo demás, en Argentina me habían acusado de muchas cosas, incluso de algunas ridículas como "escribir como un hombre", de no ser yo quien firmaba mis notas, pero nunca habían existido grupos que alegaran que yo era "negacionista", ni en el sentido de la dictadura argentina ni en relación con la Shoá. Sin antecedentes negacionistas de los que pudiera acusárseme, la carta debía haber sido escrita deliberadamente por una sola persona o por un grupo reducido, infausto, redactada en alemán y hecha para resonar en alemán.

¿Quién querría hacerme algo así? ¿Aislar algo que yo había escrito, y traducirlo al contexto alemán para señalarme como simpatizante del peor crimen de la historia moderna? Pedí ver la carta de inmediato. El alemán era impecable, como había admitido Marco; debajo de varios párrafos esmerados, altivos y arrogantes, con una rúbrica orgullosa, estaba el nombre de una mujer. Un nombre que yo conocía demasiado bien, aunque en ese momento me costó recuperarme cuando supe que la carta, la ejecución y el plan, había sido únicamente de ella: Lola N., Princeton Phd.

Cuando vi su nombre en la carta, supe que yo estaba ocupando el lugar de un hombre; o peor, que el hombre acusado era yo.

La vi por primera vez en el pasillo central de la Facultad de Filosofía y Letras, sede Puan. Teníamos diecinueve o veinte años y se movía sinuosa como una pantera, era imposible no verla. Llevaba el flequillo rojizo lamido bajo una vincha rosa, pantimedias rosa polvo y zapatitos de charol; bajaba despacio la escalera, consciente de su efecto y de su poder. Un vestidito negro al cuerpo, los ojos verdes lanzando rayos oblicuos, la boca roja, brillante, entreabierta.

Todo en ella resplandecía y estaba pensado al detalle: Lola llamaba la atención como lo haría una muñeca de porcelana en un basural, aunque por supuesto que no se trataba de ningún basural sino de la estética arruinada de nuestra *alma mater*, la casa de estudios donde Jorge Luis Borges había impartido sus clases sobre Literatura Inglesa, donde los dones del Espíritu prevalecían por sobre toda pulsión material o capitalista, y donde todo parecía predestinado a sobreactuar esa preferencia. Lo decían las paredes abarrotadas de carteles y panfletos pintados con témpera: "Hasta ahora, los filósofos no han hecho más que interpretar el mundo; ahora, lo que importa es transformarlo" (la Tesis XI de Marx). Se manifestaba también en los vendedores de libros usados y en los estudiantes comunistas o trotskistas, que fomentaban un aspecto de *clochard* aunque vivieran en Recoleta, con lo que había no poca valentía en ir a las clases toda limpita y perfumada como hacía Lola, desafiante en su decisión de ser una señorita monísima y en no andar cuidadosamente zarrapastrosa, fingiendo una preeminencia del Espíritu sobre la Cosa, como hacía yo. Lola era la chica más exótica de la facultad, y me imaginé que estudiaba Letras porque en Filosofía hubiera desentonado demasiado. Por esa época no era raro que los poetas Gaby Bejerman y Gary Pimiento hicieran *performances* recitando poemas con boas de plumas fucsia en los pasillos de la facultad, con capitas de tul extravagantes o prácticamente semidesnudos, cubiertos solo por brillantina y neón. Era el final de los años noventa, principios de los dos mil.

Yo cursaba el primer año de Filosofía y miraba un poco desde afuera aquel glamur pastel de las chicas de Letras (otra currícula, otros profesores, mismo universo). No tenía muchas amigas, mi mejor amigo era León, un *freak* alto como un gigante bueno, que iba a todas partes con ediciones ajadas de ciencia ficción y que me infectó su amor por J. G. Ballard. Nos sentábamos en las filas de atrás y jugábamos al ajedrez durante las clases prácticas de Filosofía Medieval, porque las teóricas, que dictaba el profesor Bertelloni, nos hacían viajar al inframundo torturado de monjes oscuros que nos fascinaban —el mundo de intensidad y represión sexual de Abelardo, Meister Eckhart y *El nombre de la rosa* de Eco calaba muy fuerte en nuestra sensibilidad—. Por lo demás, la verdad es que admiraba a las chicas de Letras pero no me animaba a ser como ellas, no tenía el valor ni la vibración exhibicionista necesarias para *parecer una chica*. Para mí, en esa época, ser mujer implicaba poseer (o no) cierta energía notoria, cierta voluntad de representación. Me refugiaba en la zona gris de mi cerebro, en el pánico a ser percibida.

Schopenhauer escribe que no existe nada en el mundo que no sea voluntad, pero cualquier rata tenía más voluntad de perseverar en su ser rata que yo de ser *la mujer que quería ser en el mundo*. A duras penas soportaba estar en él: tener que habitarlo me parecía lo in-mundo, y estudiar Filosofía me ayudaba a consolidar la fantasía de una vida exterior a la sociedad, de la que podía entrar y salir en puntas de pie, apenas rozándome con el resto. En esa época me envolvía la cabeza con una especie de toca negra que había encontrado en un mercadito de pulgas y que me daba un aire de novicia escapada de un convento ciberpunk. Por entonces no había desarrollado la tecnología mental para salir del clóset como mujer.

Me sentía más cómoda entre hombres, con los amigos de León: Alfonso y Felipe. Eran de Filosofía como yo, chicos estudiosos, buenos y realmente inofensivos, lo que me hacía sentir más segura de mí misma, aunque me mirasen algo espantados cuando les leía mis prosas poéticas salpicadas de medievales dementes mientras volvíamos a nuestras casas en algún vagón del subte E. Ellos cambiaban de tema a Kant, porque Alfonso ya cursaba Filosofía Moderna, y si había algo que podía callarme era Kant, del que no sabía absolutamente nada. ¿Por qué no vas a Letras, donde la gente tiene "emociones" y se "expresa"?, me sugerían Alfonso y Felipe con sus sonrisas condescendientes. ¡Letras está lleno de chicas que escriben! Ellos no tenían tiempo para eso: la magia de Kant los consumía. Y Nietzsche, que nos volvía locos a todos.

Nietzsche hablaba del desierto de siete soledades, porque la soledad es una escuela, y por esa época yo solo quería escribir, pero tenía que encontrar algún sistema, algún dogma para encerrarme y que nada más me importase. "Valerosos, despreocupados, irónicos, violentos, así nos quiere la Sabiduría: es una mujer que solo ama a un guerrero", era mi cita favorita de Zaratustra. Es evidente que era mucho más divertido ser el guerrero que la mujer que ama al guerrero —ni se me pasaba por la cabeza ser la Sabiduría, la amante del guerrero—, y no debía haber mejor estrategia para un guerrero terrible, verdaderamente mortal, que estar escondido en el cuerpo de una chica. "Valerosos, despreocupados...": cuanto más me despreciaran, más brutal sería mi argumento; no podrían verme venir. Yo era mi propia cueva y vivía agazapada dentro de mí, pero Lola, en cambio, era distinta. Lola brillaba en las marquesinas de la facultad: "Lola es una bestia, va directo a Harvard o Princeton", le escuché decir a alguien al borde del desmayo. Cuando supe que Lola era primer promedio en Letras Clásicas, que manejaba el latín y el griego antiguo como nadie y que además hablaba a la perfección cinco idiomas europeos (incluido el polaco), su nombre se marcó a flúo en mi corazón. Su camino al estrellato académico era inexorable: sus diademas eran en realidad tiaras de laureles abrazando su cerebro portentoso, su futuro cuidado como sus uñas de manicura. Era tan brillante que daba miedo. Ella ya era lo que yo ni me atrevía a querer ser.

Se tejían toda clase de historias en torno a ella; comenzaba a fungirse su mito sexual. Lola tenía la impunidad de las Vidas de Punks, esas hagiografías modernas donde los *libres y auténticos* hacen equilibrio por el desfiladero de la existencia, sin sucumbir jamás a la vulgar normalidad. Gonzalo, un compañero de Griego III (uno de sus enamorados silentes), adivinó una vez trazos de semen brillante sobre su pelo rojo. Si alguien era capaz de tener un intervalo furioso y fugaz en un baño de Puan (o del Bar Platón, justo enfrente), esa era Lola. Luego Gonzalo migraría a los áridos pabellones de Ciencias Exactas, donde las chicas nunca serían tan rutilantes y hermosas como las que había conocido chupando lápices mientras tomaban notas en las clases de Letras. Con sus vestiditos y su actitud más allá de todo, Lola circulaba por los pasillos de la facultad y por los vericuetos mentales de sus coetáneos con el desparpajo de una *popstar.* Había regresado a Buenos Aires después de una adolescencia europea, cortesía de su padre embajador en Madrid, y era riquísima, de una riqueza apabullante como solo se da en la clase política argentina.

La divisé en la fila de la fotocopiadora del Centro de Estudiantes y me pegué a su lado. Nunca la había tenido tan cerca, abrí un libro que llevaba conmigo para disimular. Olía a vainilla y rosas, con sus piernas depiladas y sus zapatos de charol rosado enormes y nuevísimos, el pelo rojo brillante retenido por una diadema blanca. Dio un brinco de la nada como si la hubiese mordido un escorpión y se puso a hablar en alemán. No había nadie más en la fila de la fotocopiadora, solo Lola con su cerebro repentinamente germánico. Cesó de repente y me miró (sus ojos eran de un verde intenso, un pajonal selvático nimbado de sol) y se puso a charlar. Hablaba fuerte, reía fuerte, estaba poseída por sí misma. Me gustó que hablara en porteño neutro, sin el código de pertenencia de la clase alta porteña que evita como la muerte pronunciar el "sho" tan argentino; Lola decía sho sho sho sin parar, hablaba en plebeyo, lo poseía. En alemán, su pronunciación también era generosa y expresiva (iba y venía a Berlín desde chica), mientras que mi alemán era, y todavía es, una costra renga hecha de lecturas lastimosas de Heidegger.

Nos conocimos en la facultad aunque nos hicimos muy amigas unos diez años después, cuando ella cursaba en Princeton y yo estaba en la beca de escritores de Iowa. Era muy divertida, pero cuando estábamos con hombres se transformaba. "Me llamo Lola, soy huérfana y millonaria", les decía, y extendía la mano para que se la besaran. Muy a su pesar se reconocía fálica, adicta a los hombres. El falo era un tótem indiscutible, alrededor del cual se tejían las danzas y teorías de su vida. Su sobreexcitación estaba hecha de contrastes: era la muñeca de porcelana, la damita orquidácea a la espera de insectos macho y sus probóscides picudas, hasta que explotaba en una carcajada de hiena. Una noche, en Buenos Aires, Lola irrumpió con paso majestuoso, estiró el cuello de cisne para mostrar su camisa Givenchy (que traslucía un corpiño blanco de La Perla), y una vez sentada se puso a chupar el cuchillo de la manteca y lanzar risotadas en un restaurante carísimo, a donde nos había arrastrado porque había leído en algún lado que era el mejor lugar de Buenos Aires, y por supuesto ella no podía menos. Todo era exagerado en Lola: ninguna regla del recato se le aplicaba. Vivía contra la prudencia, contra el susurro y la modestia; vivía contra la educación clásica de las mujeres. Era como si dijera: tus reglas pequeñoburguesas no aplican para mí. Tu idea de cómo tiene que comportarse una mujer no vale para mí. Cualquiera puede ser *educada*, cualquiera puede ser normal, pero ella era una *vulva inter vulvae*, había obtenido los máximos lauros en los palacios del conocimiento (algo que no se cansaba de remarcar), y jamás se le había pasado por la cabeza la utopía rancia de ser una chica normal.

"¿Pero qué le ves? No puedo entender qué le ves. O, más bien, cómo no ves lo que yo veo. ¡Cuando se puso a chupar el cuchillo de la manteca! ¡A los gritos! A Olivier casi le da un ataque", se escandalizó mi amiga Nicky. Lola y Nicky eran de Letras y se me había ocurrido presentarlas esa noche imaginando colaboraciones eruditas, aunque sin esperar demasiado; había idéntica probabilidad de que se detestaran absolutamente como de que no. Ambas tenían un amor extraordinario en común: Victoria Ocampo, y Ocampo era un tarot, un mazo de cartas mágicas donde cada una leía su destino.

Como la reina Isabel II de Inglaterra, o como cualquier niña bajo la regla talibán, Ocampo vivió en un tiempo donde no estaba bien visto que las mujeres estudiaran en la universidad; para suplir las falencias de su formación, que había incluido sin embargo institutrices y maestras de dibujo, Ocampo se la pasaba estudiando a escondidas. Fundó *Sur*, la revista literaria que cambió para siempre la cultura en América del Sur, y escribió libros brillantes y vanidosos, en los que jamás pudo deshacerse de la primera persona, de ser el centro del escenario; quería ser actriz, una diva del cine mudo, como en esas fotos en las que posa para Man Ray, pero su padre también se lo prohibió. Era una apasionada de su propio yo, y esa fue su única vulgaridad, su rasgo cuestionable, en un momento intelectual regido por el pudor y el control, las dos virtudes puritanas que luego Borges convertiría en sistema literario. Detrás de la virtud se esconde el trauma: extremar los signos de la civilización, para evitar de la manera más espectacular posible ser considerado un salvaje, es el trauma de la literatura argentina. Victoria pagó por eso, porque su yo siempre se impuso, pero a la vez había algo más que se imponía: algo en ella, un halo de poderío elusivo y fascinante, que suscitaba fantasías en los demás que ella no podía controlar.

Ocampo vivió siempre entre dos desprecios. El de la clase intelectual, que la trataba como a una frívola rica, y el de su clase social, por andar gastándose el dinero en frivolidades como mantener y promover a escritores pobres. Le encantaban los hombres ("mi Patria es el hombre", escribió), pero no todos, y no de cualquier forma. "Victoria también fue pionera del *no es no*, ¿te das cuenta?", me decía Nicky, que vivía obsesionada con Ocampo y parecía que chateaba con ella todos los días. "El tipo la acorraló, le tiró la boca y entonces la apoyó, se la frotó por el vestido, te das cuenta leyendo el texto", resumía Nicky, convencida de que entre los papeles de V.O. se escondían aleteos de pestañas, señas y mohínes pícaros que solo ella podía descifrar y que le permitían recuperar cada escena porno de la vida de Ocampo. Amábamos los detalles lujuriosos de cómo nuestra heroína había escapado de las aristocráticas garras del conde Keyserling, cuando fue a visitarlo a la habitación de hotel que ella misma le había pagado de antemano. Hermann von Keyserling era un filósofo famosísimo en esa época, que había publicado ese *Diario de viaje del filósofo* que la había vuelto loca, porque su paseo era una aventura por las filosofías como si fueran paisajes o estados del alma, uniendo Oriente y Occidente y que, para Victoria, era un poco la clave de la única utopía en la que creyó alguna vez: que existía una república del espíritu sin fronteras, donde las perspectivas diversas se entrelazaban vía el amor por la belleza, la sensibilidad y la erudición, algo que, en ese entonces, era una posición totalmente contracultural porque iba a contrapelo de la crecida fantasmagórica del fascismo y de la guerra que cundía en aquel entonces como cunde el mal. Keyserling fue el primer gurú de autoayuda de fama mundial: fundó una Escuela de Sabiduría y viajaba por el mundo dando conferencias; así se lo trajo Victoria a Buenos Aires, no sin antes enviarle una serie de apasionadas cartas donde ella le confesaba, embelesada, su obsesión por todo lo relativo a él.

Pero al verlo, recién llegado a Buenos Aires después de un viaje larguísimo, a Victoria no le gustó. Lo compara con un mandril; Keyserling responde indignado y la trata de anaconda. Victoria comenta al pasar: "Mi parecido con ese ofidio, que suele tener diez metros de largo, debe ser puramente moral". A diferencia de sus otros invitados, Keyserling era el único que podía aplastarla en linaje; ella provenía de lo más áureo de la aristocracia argentina, hecha de llanuras y de gauchos y de barro sangrante, pero él, Keyserling, descendía nada menos que de Gengis Khan, cuyas llanuras se extendían por continentes; sus ancestros habían sido protectores de Johann Sebastian Bach, las *Variaciones de Goldberg* "habían sido concebidas como un somnífero para Carl Hermann Keyserling", como consigna la propia Victoria.

Acaso el problema fue que Gengis Khan seguía vivo en la barbita caprina del conde: las fotos lo muestran como un calvo neto con montículos de pelo vigoroso surgiendo como las orejitas de un koala o un pequeño *fox terrier*; cuando lo vio, ella decidió que lo admiraría en la lejanía, pero Keyserling no entendía por qué esa mujer le escribía apasionadamente y le rogaba que viniera a Buenos Aires si lo que quería no

era tenerlo a su lado. Asumió la negativa de Victoria como parte de una danza de apareamiento, y que lo que correspondía, para un descendiente de Gengis Khan, era avanzarla por la fuerza.

Ni todo su dinero, ni su linaje aristocrático, ni su feminismo solitario la habían salvado de salir corriendo de ciertos hombres; por el contrario, su dinero, su aristocracia y su feminismo la habían desprotegido, la habían dejado expuesta ante ellos. Tampoco la había salvado de la mirada recelosa de sus pares intelectuales. Debemos añadir aquí un tercer desprecio: el de cierto *star system* europeo con el que Victoria se codeaba en sus viajes. En su carta del 13 de enero de 1939, Virginia Woolf le escribe a su amiga Vita Sackville-West: "Una mujer, Victoria Okampo, que es la Sybil de Buenos Aires, me escribe porque quiere publicar algo tuyo en su revista, *Sur*. [...] Es inmensamente rica y sexual; ha sido la amante de Cocteau, Mussolini, y hasta de Hitler por lo que sé. Llegó a mí vía Aldous Huxley; me regaló un cofre de mariposas; y de vez en cuando desciende sobre mí, con ojos como huevas de caviar fosforescente; lo que se esconde detrás de esos ojos no lo sé...".

Evocar a un pescado caro para delinear la mirada de Victoria, vaya y pase; pero esa recensión de amantes era el colmo de la maldad de Woolf. Para empezar, Cocteau era gay, Mussolini no era su tipo en absoluto, demasiado parecido al papá de Peppa Pig, y la mención a Hitler por supuesto era el eje de la perfidia hiperbólica de la inglesa. No eran los hombres los que importaban, sino caracterizar la fascinación de Victoria Ocampo por la figuración, por la fama y el poder explícitos, y que su acceso —por más de que se la hubiera presentado Huxley— era vía la zona baja, vía su selecta pero omnívora *vulva vulvae*. Que la inglesa la tratara, a fin de cuentas, de sudamericana puta nos enardecía de odio interseccional, porque naturalmente amábamos a Woolf pero no teníamos en cuenta que en definitiva estaba hablando con Vita, su propia amada, con la malicia íntima de las novias; como fuera, en esa época Woolf no había entendido a Ocampo, y eso queda claro en la comparación con Sybil, que Victoria "es la Sybil de Buenos Aires". Sybil era una decoradora de interiores que hacía fiestas junto a su marido miembro del Parlamento. Y Ocampo no solamente andaba sola por el mundo como una cazadora que traía los ejemplares de la cultura mundial al museo triunfal que estaba creando en Buenos Aires: hizo todo lo que hizo usando su propio nombre como estandarte, convirtiéndolo en un palacio.

¿Cómo ser una mujer? Según Lola, ella encarnaba lo que hubiera sido Victoria Ocampo si, además de dinero en cataratas, hubiera gozado de auténtica libertad sexual. Nicky, que apenas la tuvo enfrente le sonrió con piedad tolerante, como si acabara de conocer a Barbie Psycho, terminó por explotar:

"Pero por favor, ¿vos te creés todo eso? Decí que estábamos en confianza, pero yo no me dejaría ver en público con alguien así. ¡Apenas puedo soportarla gritándome a dos centímetros de la cara! Y te equivocás, no es un tema de modales, no es un tema de *femineidad*. Los modales son un problema grave, sin duda, pero secundario. El tema es que se trata de una persona completamente loca, ¿no le ves los ojos?", quiso saber Nicky. Cuando le conté de la escalera de Puan, sus vinchas de laureles y su alemán paradisíaco, empezó a reír sin sonido: "¿Eso te impresiona? ¿Que hable alemán? ¿Sos idiota?". Entonces me miró muy seria: "¡Sos loca igual que ella!". Yo me eché a reír, Nicky era muy celosa.

Pero la verdad es que a mí Lola me parecía gloriosa. Admiraba sus gestos ampulosos, vanidosos al extremo, como una Gloria Swanson políglota que vivía en su propia película *femme fatale*, un nuevo tipo de sirena, o de harpía. Me parecía hermosa y trágica en su locura, porque ella no había ido a la escuela de la vergüenza sino que había aprendido a ser mujer en otro lado, mirando películas, imitando divas. Y estaba de acuerdo con Lola en que era totalmente absurdo que un espécimen tan especial como ella tuviera problemas en conseguir novios —o al menos uno que le durase más de una semana—. Que los novios no durasen le parecía una conspiración incomprensible, especialmente ahora que había sumado a su doctorado *Ivy League* el arte del compost, cima del ama de casa ecoconsciente, y un poder especial, gracias a sus clases de yoga, que le permitía disfrutar del sexo anal ("todo se trata de respirar la posición", aseguraba). Estaba hecha para la guerra mental en el mundo humano y para la sumisión más exquisita en la alcoba, y daba por sentado que El Mundo soñaba con una novia como ella, pero El Mundo y ella seguían sin encontrarse. Durante años tuvo en su perfil en Facebook una caricatura de Hitler que rezaba "Even Hitler had a girlfriend". En el dibujito, el peor villano del siglo XX yacía acostado en la cama, fumando; de atrás, una mujer que lo abrazaba. ¿Cómo era posible que él sí, y ella no?

Lola y yo operábamos bajo una fantasía bastante latinoamericana y machista de que los hombres son seres movidos por algún tipo de adicción al sexo, que jamás se llega a domesticar completamente, y que todo el asunto del amor consiste en activar y *di-*

reccionar ese atavismo, esa adicción. Cómo gerenciar la animalidad masculina era el gran desafío amatorio de nuestra estirpe, el primero de una serie de desafíos donde el vector sexual macho caía en el laberinto de óvalos concéntricos de la mujer que lo atrapaba. Un abismo interior, un huracán palpitando bajo el vientre (que debía ser también insaciable, *quid* de la chica latina deseable). En esta fantasía, cuando no está activo, el sexo masculino se encuentra adormecido igual que Blanca Nieves, en reposo, a la espera del chupón liberador de una experta amazona, diestra en montar animales y hombres. Por eso pensé en presentarle a Tobías. Ese fue el principio del fin.

Tobías es pintor y vive en su atelier, un antiguo taller mecánico cerca de la avenida Warnes, la vena cava del "mundo tuerca" de Buenos Aires. Es una zona fabril, poblada por expertos en cambiar parabrisas o hacer chapa y pintura, que en el último tiempo se ha vuelto una zona de artistas, por los precios bajos y porque todavía es un barrio no demasiado alejado del centro. Lo que le gustó a Tobías de ese espacio fue el foso de inspección, un auténtico foso de mecánicos para escudriñar las entrañas de un coche, que se abría en medio del living. "Mirá mi living, ¿no te encanta?", me dijo sonriente, sentado en el borde del foso. Tobías es espigado y tiene el pelo castaño, con una especie de jopo descuidado a lo David Lynch; las piernas largas le colgaban un poco en el foso, así que había puesto cajas de madera, de las que usan los verduleros, para que hicieran de escalones o asientos.

Me senté a su lado al filo del foso de inspección. "Una deco ideal para caerte borracho y romperte la nuca", lo felicité. Tobías sonrió, sacó del bolsillo papel para armar cigarrillos y me dijo que no me preocupara, había una sala de emergencias a pocas cuadras. Había puesto cerca un sillón desvencijado y una mesita que encontró en un mercado de pulgas;

el fondo del foso, bastante irregular, lo tapó con dos alfombras. El taller era un lugar de muerte helada en invierno y muy agradable en verano. Desde que se separó, Tobías había vuelto al "estado de naturaleza", como le gustaba decir, a la vida salvaje, nocturna y marginal que adoraba. Su hijo había comenzado la universidad y vivía con la madre, por lo que él pudo independizarse de las rutinas de la civilización. Se arreglaba con muy poco; si tenía hambre hacía un poco de fuego y tiraba un pedazo de carne a la parrilla, que comía casi cruda. Se dedicaba a pintar desnudo durante todo el día, y a fumar de noche entre las sombras oscilantes que proyectaba su vieja TV de rayos catódicos, la iluminación principal de su salón-foso de estar.

El resto del taller era bastante más acogedor. Todas las paredes estaban cubiertas por lienzos y papeles enormes, en distintas etapas de concreción. Tobías pinta con óleos en formato crayón sobre lienzo y papel madera desplegado, porque el papel es más fácil de conseguir en épocas de crisis, lo que tiene su contraparte porque también son más difíciles de vender. En general a los coleccionistas les gusta comprar óleos sobre tela y tienden a mirar con desconfianza las cosas que usan los niños pequeños, como el lápiz y el papel. Pero a Tobías no le importaba demasiado adaptarse al mercado para vender obra. Se ganaba la vida desde chico, nunca había conocido a su padre. A los dieciséis entró como *croupier* en el casino flotante, trabajó en varias casas de juego y en ese momento vivía del dinero que hacía en la timba financiera (una actividad muy argentina, porque el sentido común es escapar del control del Estado); había logrado comprar algunos departamentos, que administraba su mamá. Cada tanto volvía al casino, a pasarse la tarde en cuidadas operaciones solitarias; así multiplicaba su capital.

Mi amigo tenía otras aptitudes que, si bien yo no había testeado de primera mano, formaban parte de su mística masculina. Un verano, en un movimiento descuidado, me pareció ver asomarse una larva rosada gigantesca abriéndose camino por el túnel del traje de baño, movida por cierta curiosidad por el mundo, por aspiraciones que desconocía, aunque algunas mujeres parecían percibirlo de inmediato, como un pulso infrarrojo de mandrágoras entre los mensajes del universo, un código clave de testosterona como una droga de la más alta gradación y pureza. La actitud de Tobías ayudaba. Se recostaba en su narcisismo relajado, con las piernas entreabiertas, ofreciendo la *boa constrictor* de carne humana que aguardaba bajo el vientre. Según él, su poder oculto irradiaba de su ego de artista (Norma, la mamá, lo había convencido desde niño de que tenía un poder sobrenatural), pero en rigor se ubicaba esencialmente en la majestad de su tricornio inferior.

Quizás porque no sentía la necesidad de afectar hombría, Tobías era mucho más agradable y cordial que un simple macho argentino: saberse en posesión de un miembro prácticamente monstruoso lo independizaba de la coreografía patriarcal. Las mujeres podían encontrarlo, si querían. Y si lo que querían era él ("es mejor que estén seguras", me dijo una vez), él las dejaba saciarse, como si las mujeres hubiéramos nacido para caer de rodillas (y de hambre) ante su miembro volcánico y central. Tenía el modo tranquilo de un león en su reinado; no fanfarroneaba ni buscaba conquistar. Esta actitud de disposición sexual y, a la vez, su perfecta capacidad para pasar de todo lo volvían un candidato ideal para mi amiga. Era principios de 2016; a Lola le dije que era un artista genial; a él no le dije nada, porque sabía que le iba a encantar su lado impredecible y salvaje.

"Vengo a Buenos Aires a recuperar mi vida sexual", me había anunciado Lola. Estaba harta de Tinder. Tinder Neukölln era un tren fantasma de zombis, desajustados y fronterizos: su cita podía llegar y empezar a frotarle la pierna sin que mediaran palabras, los ojos muertos colgando. Eso sin contar a Tíbor, el prostituto teutón con el que había estado saliendo hacía unos meses. "Una mujer como yo, de mi *niveau*, a veces necesita un profesional", terció ella, siempre exigente y sofisticada. Lola amaba toquetear las limitaciones de la gente como si fueran zonas erógenas. Le encantaba jugar a la loba insaciable, aunque toda aquella aventura de academia germana y Tinder debía de ser el pináculo del invierno social; por eso venía a Buenos Aires, a sanarse, a relajar. Igual yo quería entender de qué estábamos hablando, ¿era prostituto de verdad? "Es otro nivel. No lo vas a poder entender, así que no lo intentes. Es cuerpo multiplicado por cientos, por miles. Es experiencia".

Tíbor el prostituto era la nueva coda de una historia que venía de largo. Lola estaba, desde hacía tiempo, muy decepcionada con el género masculino; después de todo, ella seguía siendo la amante perfecta, pero cada vez le costaba más encontrar *partenaires* para saciar su ninfomanía de elite. La fastidiaba la naturaleza esquiva, puritana, *femenina* de algunos hombres. Se encontraba ante el más temido cambio de época. Antes, los hombres eran soldados del sexo; ahora, en cambio, si la veían con lencería de seda y portaligas, lo que la calentaba mucho, se asustaban y huían. Una vez, un candidato viajó tres horas en autobús, de Filadelfia a Nueva Jersey, solo para verla. Ella había coordinado todo para salir de la ducha mojada y ardiente apenas llegara, pero el tipo se tomó un café, charlaron un poco y finalmente se fue sin tocarla. A veces *no es no*, también para ellos, quise decirle, pero al verla tan contrariada traté de aportar algún consuelo sociológico: para filmar *Gladiator*, por ejemplo, Ridley Scott decidió no trabajar con actores norteamericanos para el rol principal porque ninguno era lo "suficientemente masculino". (Ridley, en efecto, se decantó por Russell Crowe, un hombre del Commonwealth como él). En Estados Unidos los tipos tenían otros códigos de supervivencia y acceso carnal, códigos irrelevantes porque vivían aterrorizados y no tenían remedio. Por eso, como inmortalizó la sabiduría de Raffaella Carrà, para hacer bien el amor Lola viajaba al sur.

A veces aterrizaba en Buenos Aires e inmediatamente ponía en Facebook: "Necesito ayuda UR-

GENTE con unos cables. Callao y Posadas, Recoleta. Prometo recompensa". Acudieron varios solícitos gentilhombres, en horas que ella intentó espaciar, pero dos que no se conocían aparecieron en su casa al mismo tiempo. "¡Se me juntó el ganado!", se reía ella, histérica de felicidad.

Finalmente, después de mensajearse durante meses, se conocieron con Tobías en la boda de Nicky y Olivier, un asunto tan elegante y criollo como solo podría serlo un casamiento de verano en el Jockey Club de San Isidro. Lola apareció vestida de *flapper* años veinte, con un largo collar de perlas japonesas ("las saqué especialmente del banco"), acompañada por un desconocido de rulos. En algún punto de la noche se robó de la barra una botella de Johnnie Walker Etiqueta Negra y avanzó con paso incierto a los arbustos: ahí se besaron con Tobías por primera vez. El barman los interrumpió educadamente, disculpe señorita tiene que devolver esa botella de whisky; al rato se desató una tormenta bíblica, una sudestada atómica, los árboles temblaron y las ramas se desprendieron y volaron a través de los ventanales del Jockey. "¿Podés creer que me caso y parece el fin de los tiempos?", se lamentó Nicky. Cuando terminó el diluvio, Lola recuperó al desconocido de rulos y se fueron en un Volkswagen Gol turismo, que tenía pegada en la ventanilla de atrás una calcomanía que rezaba "Bebé a bordo".

Se veían con Tobías en la casa de ella, y a veces ella pasaba la noche en el taller de él. Pero Lola no quiere hablar de Tobías, quiere hablarme de otros, de su tropa de sementales criollos que abrevan en su profuso manantial. Está exultante, arrebolada: fue al cumpleaños de B., la nueva novia de D., y recuperó como amante a un economista cercano al gobierno, un ejemplar algo raquítico que vive una inexplicable vida de *sex symbol* como todos los economistas cercanos al gobierno. De Tobías dice que es un payaso, que no piensa verlo nunca más; "pero si se acaban de conocer", comento yo, mi corazón de celestina atenazado. Lola lanza una de sus carcajadas teatrales y me dice: "Por dios, cómo podés haber creído que Tobías estaba *a mi nivel*". Lola siempre está cortando para siempre, siempre está despidiéndose; las divas como ella nunca se quedan, te destruyen y se van. Pero tengo que dudar, le digo, porque D. quiere saber si es verdad que el miembro de T. es tan monstruoso, tan monumental y fastuoso que despertó la curiosidad de su novia B., que está interesadísima en el tema; la danza en torno al tótem los había alcanzado también a ellos; en efecto, toda Buenos Aires es un remolino de luces en torno al falo blanco del Obelisco, que ni siquiera es tan espléndido, aunque lo venden como la gran cosa. En suma, aunque a mí me diga que no es la gran cosa, Lola está loca por él porque es el mejor amante que tuvo jamás, al punto que nuestros amigos me preguntan si es todo un invento de Lola enamorada o si puedo confirmar lo del pene sobrenatural.

Volví a Estados Unidos, donde vivía hacía un par de años; Lola regresó a Europa, y Tobías y su taladro neumático se quedaron en el taller de Warnes. Yo había tenido una beba hacía poco y me había convertido en una loba de los pasillos, un animal atento a los sonidos más ínfimos; era una esclava de mi ADN, mi cuerpo le pertenecía, y, aunque nunca duermo, en esa época me era absolutamente imposible salir de una sensación de estado de alerta, de una presión que me desfiguraba. Mi yo del pasado había amado San Francisco cada vez que la visitaba, pero ahora que llegaba como una inmigrante en estado de mutación, sin control de mi propio cuerpo, me parecía un lugar cada vez más siniestro y hostil; yo no lo sabía entonces, pero San Francisco estaba cambiando a una velocidad inimaginable, los precios se habían disparado hasta convertirla en la ciudad más cara de Estados Unidos a la vez que la más bullente de miseria y degradación, con una explosión de gente viviendo en la calle que, si antes proliferaba por el Tenderloin y los barrios céntricos, ahora llegaba en largas ristras de carpas hasta la avenida César Chávez, pasando el sur de la Mission, donde vivía yo. En una de esas duermevelas raras recibí una serie de mensajes de Lola: "Tenés que ayudarme. Tobías es un hijo de puta. No puedo creer que me haya hecho esto. Me contagió herpes".

Se la escuchaba mal, cercana al llanto. Espantada, indignada. "Tenés que ayudarme. Tenemos que escracharlo en Facebook. En todas las redes. Hay que alertar a otras mujeres. Así no les pasa también a ellas. Esto es violencia de género". Yo se lo había presentado, así que la culpa era también mía.

Aun en mi insomnio, el plan de Lola presentaba ciertas dificultades. ¿Cómo sería la campaña? #ElherpesdeLola podía ser pegadizo, viral en más de un sentido, pero para qué publicitar en Facebook una afección tan común, exponerse así. "Lola ha actualizado su biografía. Tiene herpes". Con el tiempo, tus causas se convierten en tus atributos: tengo herpes no era quizás la mejor nueva bio de Tinder. Podía descerrajar una serie de preguntas y suposiciones que no le convenían (¿por qué no usás preservativo?, ¿cómo sabés que él te contagió y no vos a él?). No me parecía tan sencillo estimar que fuera violencia de género. ¿No era el herpes una afección muy común? Lola era una chica experimentada, podía imaginarla declarando a viva voz, como el personaje de Jessa en la serie *Girls*, que "toda mujer que valga la pena tiene una o varias variantes de herpes". Como fuera, escrachar a alguien por contagiarte herpes sonaba desmedido, la parte visible de algo que permanecía oculto pero que sugería una venganza, quizás por despecho o por un dolor incontenible; por otra parte, las personas comparten causas en las redes que las hacen sentir bien consigo mismas, que las proyectan como personas compasivas, sabias, piadosas, altruistas, buenas; ¿cómo iba el herpes de Lola a contribuir al narcisismo personal de sus seguidores?

El herpes había sido el portal para afecciones horribles; un escritor como Gabriel García Márquez habría escrito que Lola había enfermado de amor. Pero ahora el amor era la guerra, y desde Alemania Lola comandaría su *britzkrieg* contra Tobías. Le escribió una carta manuscrita pidiéndole que se hiciera un test de herpes; pero cuando Tobías consultó con un médico, este le dijo que es una afección tan común que no hay test para los hombres, que solo lo hacen a las embarazadas. ¿No podía Tobías reconocer al menos ese herpes como propio, como se reconoce una deformación del cuerpo, o un bebé?

En un pasaje de *Relaciones peligrosas,* de Choderlos de Laclos, el galán Valmont dice: "Voy a poseerla y en ese momento me volveré un Dios para ella". Lola había recibido un aguijón mortal, el flechazo del pene maldito. ¿Era Tobías un dios abusador, como los que pueblan el panteón griego? ¿Había usado la ninfomanía selecta de Lola para enfermarla? ¿No sabía Tobías que su monstruo de placer podía también ser un instrumento de destrucción? ¿Cómo sabés que fue él que te contagió? ¿No podía haber sido Tíbor el prostituto, o el economista cercano al gobierno? Esto la hirió profundamente, yo había dudado de su palabra. La había traicionado: no había accedido a montar un escrache de acusación de violencia de género en una red social contra mi amigo. ¡Yo te creo, hermana! No discutimos, solo me bloqueó.

Lo último que supe de ella fue aquella carta en la que me acusaba de ser negacionista ante las máximas autoridades que movían los hilos del campo literario de Alemania.

Pero yo ya tenía mi pasaje de avión, así que decidimos ignorar las amenazas de Lola, y volé de todos modos a Berlín, con mi marido y mi hijita, que para el momento del viaje ya tenía ocho meses. Aunque parecía bastante claro que Lola había actuado sola, no podía descartar que hubiera convencido a otros de hacer el escrache. O que quisiera venir ella misma, como Raúl Barón Biza, que le había arrojado ácido en la cara a su esposa el día que accedió a sentarse para firmar el divorcio. Nadie sabía cómo reaccionaría la prensa que había recibido la carta, ni si algo de esto sería reproducido por los medios que cubrían el festival.

Bajé del avión con Asia en brazos, sin saber qué nos esperaba al salir; quizás ella captaba mi terror, abrazada con fuerza a un águila de peluche que había manoteado en el aeropuerto de San Francisco. Hicimos la fila en Migraciones y me quedé mirando el águila blanca y amarilla, ¿nos tirarían huevos? ¿Nos gritarían insultos? Quizás habría gente con pancartas con mi nombre, como las de la facultad pintadas con témpera. ¿Asia se acordaría de algo con los años, se pondría a llorar si nos tiraban huevos? La había envuelto en un pañuelo amplio para cubrirla, por si eso ocurría. Pero tirarle huevos a una persona es un insulto al medio ambiente, al hambre mundial, ¿sería un escrache vegano? Miraba el penacho del águila y caí en la cuenta de que las águilas son un ícono del Tercer Reich, ¿acaso estaba llevando un símbolo nazi a mi propio escrache negacionista?

Emiliano intentó calmarme: el peluche era la famosa águila calva de Estados Unidos, y el *Reichsadler* de los nazis era otro tipo de águila. Max, el abuelo de Emiliano, logró escapar de Polonia con el pasaporte de su hermano Jaime, quien murió en los campos de concentración junto a toda su familia; cuando bajó del barco en Argentina, en Migraciones escribieron mal su apellido, o lo inventaron, por lo que no sabemos a ciencia cierta cómo se escribía su nombre original polaco. Una vez en Buenos Aires, el abuelo Max siguió siendo Jaime, y se hizo llamar Jaime durante toda su vida por miedo a que lo estuvieran buscando. Y nosotros pasamos Migraciones, ilesos.

Cuando llegamos a la cinta de equipajes vi un hombre parado en la curva, muy parecido a David Foster Wallace, con su bandana roja y anteojitos. Tuve la seguridad de que nada malo iba a pasar; le sonreí con una inclinación de cabeza y me sentí feliz de haber llegado intacta a Berlín. El asunto de la carta había sido un trago amargo para mis editores alemanes, que sacaban un libro mío por primera vez. Peter Schumann, un erudito alemán cultor del mundo latinoamericano, me entrevistó en su programa de radio, que comenzó así: "He recibido una carta muy extraña, donde dice que usted es negacionista, ¿me puede explicar qué es esto?", para luego despachar el asunto diciendo "solo una persona absolutamente desquiciada podría acusarla de algo así". Lola nunca apareció, pero el propio director vino a mi presentación, temeroso de que algo sucediera, no solo a mí sino a su bebé, el festival.

Nadie está a salvo de ser villano. Lola había puesto manos a la obra, había hecho circular su mentira entre lectores privilegiados; le fue relativamente sencillo crearme un problema con una acusación descabellada que nada tenía que ver conmigo, de la que tampoco me podía simplemente *defender*; bastaba imponer los términos de una historia que me encerraba, como a un personaje dentro de una novela hecha de una sola página. En su locura, me había arrastrado hacia un laberinto nuevo, en el que la literatura era el modelo de la venganza, porque no basta que la verdad sea verdadera: una mentira organizada es tan real como una buena historia.

QUIERO QUE ME LA METAS SIN TOCARME

El plan original era tomar un *apéro* en La Palette, en Saint-Germain des Près, pero tuvimos que cambiar a último momento porque él no había conseguido nadie que cuidara a sus hijos. Me propuso conversar, si no me importaba, mientras los chicos jugaban en una plaza. Quedamos en los jardines de Luxemburgo, frente al Rostand, un clásico café donde Jean Eustache filmó escenas de *La Maman et la Putain*.

Era un día de sol y mucho calor en París, y Laurent apareció en el portal cercano al Boulevard St. Michel con dos niños sudados en cada mano, de unos cinco y diez años. En segundos devoraron unas *crêpes nutella*, se los veía exhaustos después de la jornada escolar. Los juegos del Ludopark del Luxemburgo no les interesaban, querían volver a casa. Me miraban con desconfianza mientras mascaban: la separación del padre era reciente. Como el más pequeño arrastraba los pies y se negaba a caminar, Laurent lo levantó con un brazo como si fuera de papel. Sus ojos son casi negros y sus cabellos castaño claro, su cuerpo es macizo e imponente. Lleva un jean oscuro y chaqueta azul, el uniforme de verano de los intelectuales franceses. Laurent es amigo de dos amigas mías, y era la primera vez que lo veía: a pesar de su aspecto sobrio y aplomado, venía de perderlo todo, o casi todo. Su mujer lo había dejado, la Sorbonne le había quitado todos sus cargos, y tenía una deuda inmensa con abogados y notarios, impagable para una persona con un sueldo de profesor. Que, por otra parte, no le habían pagado por un año. Sus estudiantes de doctorado se habían quedado sin director de tesis, pero lo peor es que él se había quedado "sin honor", como resumió en forma sucinta. Además de sentirse "encerrado en un sentimiento de profunda estupidez", la cuestión del honor era lo que más le dolía; para un hombre como él, el honor era todo.

Su caída había comenzado en la pandemia: una tarde de confinamiento, una joven de aspecto vagamente magrebí lo contactó por Facebook. La chica vivía en Perpignan, en la frontera sur de Francia; nunca se había escrito con nadie por Facebook, pero lo animó que no perteneciera al mundo de la *uni* ni de París, donde vivía con su mujer. Se escribían varias veces al día. Ella le mandó unas fotos sin *brassière* y otras en tanga de algodón; por algún motivo, las tangas de algodón lo calentaban mucho más que las de encaje. Podía entreverse la humedad, los pliegues de los labios, y Laurent se entregaba a pajas silenciosas en el baño y en el pequeño despacho que había montado en su departamento, pero nunca le envió fotos suyas. Luego la tanga se desvaneció y siguieron fotos más íntimas, mensajes cada vez más ardientes, "pero nunca nada obsceno", aclaró él, mientras abría la billetera para comprar dos aguas para los chicos. Hicieron planes para encontrarse en un pueblo perdido de Francia, un hotel al pie de los Pirineos, aunque nunca se vieron. Ella siempre ponía excusas.

El encierro terminó y dejaron de escribirse tan seguido. Laurent volvió de lleno al trabajo académico; su libro de ensayos con nuevas perspectivas sobre, digamos, el extinto imperio de Cartago estaba por salir. Para promoverlo creó un perfil en Instagram. Empezó a seguir a personas que le sugería la aplicación, amigos de amigos; me siguió a mí. O fue ella, porque por esa época la chica de Perpignan creó un perfil idéntico al de Laurent. "Hola! Te ves muy guapa en las fotos!! ¿Dónde vives?", decía el mensaje que recibí. Un *normalien* como Laurent se cortaría la mano antes de usar los signos de exclamación de esa manera, la pulsión por la perfección ortográfica es demasiado fuerte en los hombres de su especie; no respondí.

Luego apareció una cuenta de Twitter, Víctimas Sexuales de La Sorbonne. La cuenta difundía noticias #MeToo, y los que no eran retuits se dedicaban exclusivamente a Laurent: lo acusaban de abusar sexualmente de sus alumnas. La universidad lo mandó a citar. Le mostraron extractos de la conversación entre él y la chica de aspecto magrebí, en los que solo figuraban los mensajes *hot* de Laurent: eran hojas impresas que habían llegado por correo a la universidad. Laurent imprimió la conversación original entera, la ordenó en una carpeta y la presentó a sus superiores de la Sorbonne. Creyó que eso bastaría para demostrar que no había existido acoso alguno, que era una conversación consentida entre adultos, y que la chica tampoco era alumna suya ni pertenecía a la facultad, lo cual era fácil de corroborar. Pero la universidad mandó elaborar un informe y el profesor Laurent H. fue suspendido de todos sus cargos y proyectos de investigación.

Egresado *cum laude* de la École Normale Supérieure, Laurent era un funcionario eminente, un *élu* del sistema francés que selecciona a sus miembros a lo largo de toda una vida de concursos exhaustivos. Ahora, el mismo sistema que lo había encumbrado a la cima, donde la Razón era la única diosa, lo expulsaba sin más. Los tiempos habían cambiado desde que, el 16 de noviembre de 1980, Louis Althusser, divo de la teoría marxista y profesor de la École, asesinó a su esposa Hélène Rytmann en su casa, estrangulándola. Althusser declaró, y más tarde escribió en su autobiografía, que estaba haciéndole un masaje en el cuello cuando sin darse cuenta le rompió la laringe. Los testigos corroboraron que Althusser salió corriendo del departamento al grito de "estrangulé a mi mujer". Los periódicos hablaron de la locura del profesor, más interesados en los detalles escabrosos relativos a esa mente privilegiada que en el crimen en sí. Muchos académicos de la *gauche caviar* lamentaron el episodio; temían que la muerte de Hélène Rytmann fuera el tiro de gracia de la ola anticomunista que avanzaba sobre Europa demonizando el pensamiento marxista y a sus popes. En 1981, el tribunal se expidió citando el artículo 24 del Código Criminal francés: "No hay crimen ni ofensa cuando el acusado está en estado de demencia en el momento del acto".

Althusser murió en un hospicio para insanos, pero nunca fue removido de su cargo universitario. Hay, sin embargo, otra versión. Que aquel día fatídico, Hélène le anunció que finalmente lo abandonaba, pero eso no aparece en la autobiografía de Althusser.

Acercamos unas sillas en un sector cercano a la tirolesa, bajo los árboles, mientras los niños jugaban a escalar una torre de cuerdas. Laurent fue suspendido de su puesto apenas comenzó la investigación; "Me desplazaron a un infierno de burocracia y abogados", me dijo, la mirada perdida en las vallas de corral que encierran el Ludopark. Acumuló deudas con notarios, y tuvo que pedir dinero prestado para pagar los abogados y para vivir. Me contó que sufría por verse alejado de sus alumnos, sus estudiantes de doctorado y sus grupos de investigación, especialmente porque no podía dar una explicación digna, porque tampoco podía impugnar a la universidad; eso hubiera sido insultar el sistema en el que se formaban esos chicos, como poner en duda el estado de derecho *in toto*. Al cabo de catorce meses, logró probar su inocencia de todos los cargos de los que se lo acusaba, aunque la deuda persistía, y todavía no tenía idea de cómo pagarla; estaba prácticamente en bancarrota. Según él, el proceso en su contra había convenido a las buenas apariencias: su condena inmediata demostraba el compromiso a rajatabla de la Sorbonne con la causa feminista y aplacaba a quienes deseaban ver cabezas de *normaliens* rodando por las calles de París.

Laurent habla perfecto español. Tiene algo atractivo y serio, como esos profesores que exudan un aire prestigioso y distante. Una figurita difícil, codiciada; su juventud parece un asunto distinguido y solitario. Me imaginaba a sus alumnas acercándosele con cautela, también muy serias y aplomadas, intrigadas respecto de si lograrían quebrar (y cuán fácilmente) esa soledad tan eminente. Mi amiga Natalia trabaja en la universidad con él, y según ella: "Laurent es tan correcto que parece, cómo decirte, *asexual*". Lo decía con la estupefacción típica de las latinas bellas, que se sorprenden cuando un hombre no intenta tirárseles encima, aunque más no sea por un rato, algo ofendida.

Pero Laurent tenía entrenada esa facultad para mantenerse insensible a la electricidad subcutánea de una dama en flor. Eso era, finalmente, lo que hacía de él un auténtico *élu*, esa separación filosa entre la mente y el cuerpo, del orbe del deseo y del deber, que solo un embrutecimiento agudo del alma puede hacer perder hasta reducir a un hombre a un subgénero de animal desgraciado tipo DSK. La inteligencia es un sucedáneo de la verdadera hombría, y en el caso de Laurent pasaba por el control, donde su estatura intelectual se elevaba por encima de ellas al punto de ni siquiera registrarlas; cuanto más se le insinuaran, más inalcanzable y atractivo se volvería, lo que redundaba en un beneficio para la institución, en tanto las alumnas que tienen un director de tesis joven y deseable tienden a esforzarse más.

Nunca una mirada, jamás nada fuera de lugar: Laurent era el profesor ejemplar, el compañero irreprochable, y su nivel académico era tan excelente y envidiable, tan evidentemente destinado al Panthéon de los grandes intelectuales de Francia, que Natalia alimentaba la teoría de que la tal *femme fatale* de Perpignan debía ser la invención maldita de otro hombre.

Un rival resentido, algún *maître de conf* rencoroso que hubiera fallado donde Laurent se había lucido, siguió Natalia, inclinando su tetera de hierro con té verde sobre las tacitas. Para ella, podía ser un hombre porque *podía ser cualquier persona*: después de todo, Laurent no solo nunca se había acostado con la acusadora, *ni siquiera la había visto en persona*, y conseguir online fotos de chicas semidesnudas era todo menos difícil. Esa tarde estábamos solas en su living del Canal de St. Martin, pero Natalia bajó la voz, como si alguien pudiera escuchar. Me explicó que la denuncia lo sacó de la cancha en un año clave, un año en el que se abría un concurso para un puesto fijo, que por supuesto Laurent no ganó (en Historia Antigua los puestos prácticamente no existen, son tan raros como huevos de dinosaurio). Natalia y otras colegas quisieron juntar firmas para apoyarlo, comentando su conducta ejemplar, pero Laurent se opuso. Cualquier defensa sería percibida como una admisión de culpabilidad.

Dar explicaciones es admitir algún grado de infracción porque obliga a precisar detalles. No dar explicaciones también lo implica, porque no hay defensa posible. Como si fuera una cuestión de grados, o de qué culpabilidad se está dispuesto a aceptar, porque ya no se trata de culpables o inocentes: cuando una historia se hace pública —cuando Laurent se vuelve personaje de esa historia y otros lo perciben como tal— la inocencia está perdida automática e irremediablemente.

En *La mancha humana*, de Philip Roth, el profesor Silk cae en desgracia, primero, por negarse a pedir disculpas, a darle entidad a una acusación que encuentra absurda, y luego, porque pierde la cabeza por una mujer muchos años menor que él, Faunia (lo animal está encriptado en su nombre). En *Desgracia*, de J.M. Coetzee, el profesor Lurie descerraja el desastre cuando se involucra con una estudiante más joven. Habían sucumbido a la tentación, habían nadado con las sirenas: ambas historias son desenlaces de formas del castigo, pero ambos pudieron gozar antes de que las fauces del infierno se abrieran para cada uno. Laurent no. Enfrentó un proceso sin siquiera haber estado en una misma habitación con su acusadora; y ella, para arrastrarlo a ese infierno, tampoco había presentado más prueba que su palabra de mujer ultrajada, su derecho al anonimato y unos cuantos recortes de Facebook.

Volví a mirar a Laurent, su cabeza inclinada hacia un lado como un gigante inerme, un Rodin de nuevo mártir masculino. Podía verlo con la cabeza inclinada, sobre el teléfono, hurgando las fotos de la chica magrebí en tanga de algodón, haciéndose la paja en su *bureau* mientras la esposa preparaba la cena; ella nunca lo interrumpía porque sabía que trabajaba a todas horas y el trabajo intelectual, cuando se es un *élu* de la talla de Laurent, es así, puede ser absolutamente absorbente; pero a él no le bastaban las fotos, quería verla, lo atraía la idea de llegar a un hotelito en el medio de la nada, un hostal cerca de los Pirineos; la magrebí lo esperaría en un café y entrarían juntos, la comería desde los muslos hacia arriba y se la metería por atrás y luego la dejaría hacer, se quedaría inmóvil mientras ella se contoneaba excitada, desesperada por tenerlo más adentro, podía llegar en el TGV a Carcasonne, preparar unas clases en el viaje; adoraba los trenes, ni siquiera tendría que inventar una mentira, podría volver a París en el día, llegar después de la cena, ella no notaría nada, ni que se había duchado antes de salir, el cabello se le habría secado en el viaje de regreso.

En eso apareció el niño más pequeño llorando. Estaba en los columpios y no nos encontraba —habíamos cambiado de lugar junto a la tirolesa—, y Laurent lo sentó en su regazo y lo abrazó como a un cachorrito. Caminamos hasta la fuente y les dimos de comer pedazos de galletitas a las carpas. Los niños se fascinaron con los peces: les dije que los más chiquitos iban a la *moyenne section*, y los mayores asistían al *cours préparatoire*, y el gran pez que nadaba cerca era sin duda el papá, que cuidaba y quería mucho a los pececitos. "Así vivimos, atrapados en una laguna falsa", acotó, sombrío, Laurent.

"No tenés que cuidarme. Para qué, si estoy quemado por todos los frentes. Solo te pido que no uses mi nombre. Ni el de ella, obvio. Yo te cuento mi historia, vos hacé lo que quieras. Nada puede hundirme más", me dijo el Perro, hundiendo el bigote en su trago. Tiene el pelo ralo y despeinado, los ojos almendrados, color miel intenso, con un brillo verde como un destello; su árbol genético es claramente chucho callejero, galán del arrabal. Su sonrisa es pícara pero también me mira agazapado, atento a que le estampen un golpe en la cara. Estamos en la terraza de El Preferido de Palermo, y el Perro Alonso me mide. Me explica que se llama Pablo pero le dicen Perro desde siempre, el Perro, el Perrito, porque es "buen amigo"; se siente bajo examen, pero se deja llevar por todo lo que está a su alcance: la panera, la bresaola y el jamón de Parma recién cortados, el gin tonic Bombay. Quiero que se sienta lo más cómodo posible, le dije que pagaría yo.

A los cinco minutos ya está a sus anchas; que lo invite una mujer es el mundo tal como debería ser, total menos dinero, él puede proveer todo lo demás. El Perro tiene todos los gestos que entiendo por nacionales, y que en cualquier parte del mundo serían considerados machistas, como esa forma suave de escucharte y dejar que sus ojos te aprecien despacio, divaguen por tu cuerpo como si su mente fuera un metaverso donde todas las mujeres existimos a medio vestir. De vez en cuando tira un chiste, a ver si te reís, como un chico. Tiene esa elegancia lumpen que Gombrowicz observa en el aura juvenil de los porteños, ese garbo descarado que no conoce clases sociales, que va de ciertos recogedores de basura apolíneos a los rugbiers gallardos de Zona Norte, y que despunta con especial opulencia en los sectores más plebeyos, y que los futbolistas elevan a monarquía natural. La historia del Perro me llega de los círculos top del feminismo porteño; lo que sé de él es que fue acusado de abusador y violento sexual.

"La historia fue así. Mireya me escribe para pedirme un consejo. Tenía un problema con un editor, un peso pesado no le quería soltar los derechos de una nota. Pero hacía tiempo que yo la halagaba, la buscaba en el diario. Yo la cortejé, digamos. Y mantuve distancia para dejarla venir, porque yo creo que a las minas lo que más les gusta es tomar la iniciativa. Más si son feministas. Quieren ser ellas las que conquistan. Dicho y hecho. Un día, de la nada, Mireya se sienta al lado de mi escritorio y me dice bajito: 'Tengo una fantasía sexual con vos'. Me hago el que no escuché bien".

"¿Una fantasía sexual?".

"Se ríe, se pone colorada".

"Mejor te la digo por WhatsApp".

"Se pone a tipear. Agarra mi teléfono, me lo saca".

"Esperá, ¡no leas! Dejá que termine. No seas ansioso".

"¿Ya terminaste? ¿Puedo leer?".

"Entonces forcejeamos un poco, siento el perfume que se puso, y me devuelve el teléfono. Se aleja un poco con la silla, se ríe. El mensaje dice:

'Quiero que vengas a mi casa y me la metas sin tocarme'".

"'¿Cómo es eso?', me acerco rodando con la silla. Se me pone un poco dura, igual me hago el tonto. '¿Y después qué hago? ¿Me tomo un vino?'. La propuesta me calentaba, pero quería entender bien. Quería hacer exactamente lo que ella quería".

Esta fantasía, de estar al servicio del deseo de ella, va a ser una constante en el relato del Perro, así que dejo que sea el punto de vista de él el que tome las riendas, para ver adónde llevan sus huellas.

La noche elegida, el Perro Alonso se pega al portero eléctrico de la calle Carlos Calvo. Suena la chicharra, empuja la puerta de calle. Hay un ascensor pero le gusta más ir por la escalera porque es un edificio antiguo de San Telmo que le hace acordar a *Último tango en París* y esa noche de otoño, casi invierno, con las hojas amarillas que se desmayan desde los árboles, él se siente Marlon Brando. Hasta lleva un gamulán marrón que heredó de su papá, una de las pocas cosas que le dejó. La luz del palier está apagada, pero por la rendija arde un resplandor. La puerta está entreabierta.

El secreto lo vuelve loco, la pija capitana marca el camino. Roza el umbral con el sigilo de un cazador, sin hacer ruido. Huele a comida, lo que lo excita más, como si viviera en situación de calle, que es un poco, se da cuenta, como vive desde que está soltero de nuevo y pasa los días en un monoambiente con un colchón y un montón de libros, y donde siempre tiene hambre. Solo se llevó sus libros más preciados, los maestros rusos y los ejemplares firmados por su gurú Alberto Laiseca, un cordobés descomunal con aspecto de ogro turbio pero benévolo, que tenía un taller literario muy concurrido que había sido muy importante para el Perro porque ahí pudo medir el efecto tremebundo que tenían sus cuentos y donde sintió por primera vez que podía ser escritor, y sus libros de Abelardo Castillo, un Hemingway rioplatense que el Perro idolatra con auténtica fidelidad canina, duro como el gringo pero más denso porque su ídolo era Dostoievski, y las pasiones de una forma u otra siempre se terminan pagando en la prosa. Y ahora estaba a punto de penetrar una puerta entreabierta. La casa de una mujer, que había armado una escena especial para él.

El departamento está en penumbras; en la radio suena bajito "Need you tonight" de INXS. Ella lo espera en la oscuridad. Lleva un *baby doll* negro.

Apenas lo ve se pone en cuatro patas, las rodillas apoyadas en el sillón, las manos en el respaldo. La cabeza baja y el culo en alto, el pelo rubio largo y suelto, una maraña salvaje. Una gata sedosa en plan de sumisión y entrega. Tiene curvas generosas, que la pose *more ferarum*, al estilo de las fieras, magnifica.

El Perro ya no es Marlon Brando, ahora se siente en una película de Brian De Palma. Le pega una lamida a su mano antes de metérsela. "Te dije que no me toques", susurra ella, sus ojos relampaguean bajo el pelo salvaje. "¿Y qué hago?", dice él, su miembro también atento a la respuesta.

El Perro se desabrocha el pantalón y su mano se abre paso despacio por el encaje del *baby doll*. "No, por favor", gime ella. Está muy mojada pero igual él se estampa de saliva la palma derecha y se la frota por el miembro. El Perro toma un trago y hace un cilindro recio con la mano.

"Soy tu puta", susurra ella. El Perro la toma de la cadera, la atrae hacia él.

"¡¡No!!", grita ella. Le recuerda en un susurro: "No me toques".

Eso lo excitó muchísimo. Lo de no tocarla iba en serio. Nada personal. Nada de pactos de la civilización, de la conversación y el consentimiento. Nada de nombres ni coreos cariñosas; su persona reducida a una erección sin caricias, sin huellas, sin identidad. Sin jueguitos previos, sin cena ni cine, sin permiso. Se puso el preservativo y entró de lleno en ella, en su papel. Pura pija, polla, pelo y nada más. Era la fantasía más machista del mundo, y el Perro no podía creer que la estaba viviendo con la feminista más famosa de la Argentina.

Se habían conocido en la redacción de *El Argentino*, un faro del progresismo vernáculo que forjó su reputación denunciando la corrupción del gobierno de Carlos Menem en los años noventa, y que ahora formaba parte del aparato mediático del Estado. Cuando el Perro entró en el diario, Mireya ya era la editora jefa de Cultura. Mireya había estudiado Psicología, y antes de recibirse trabajó un tiempo en el servicio ambulatorio del hospital Alvear, pero el trato con pacientes la angustiaba muchísimo, cuando se iba a su casa era incapaz de desconectar. Creía que se había equivocado, que debería haber estudiado Derecho para defender a las víctimas. Le gustaba decir que fue la inspección de la locura la que la entrenó para trabajar en el diario. La vida de Mireya cambió cuando descubrió que, en lugar de redactar historias clínicas, podía hacer crónicas de crímenes y asesinatos. Su primer rol fue como redactora en Policiales, cubriendo femicidios en una época en la que aún los medios hablaban de "crímenes pasionales", como si los asesinatos perpetrados por maridos y novios fueran parte de un ritual romántico que se había ido de las manos, o de las manos al cuchillo, la asfixia y la muerte violenta. El crimen necesita a alguien que lo narre para lograr un cambio en la sociedad, decía Mireya; a diferencia de otros cronistas, que no pueden lidiar con los detalles escabrosos de violaciones y asesinatos, Mireya investigaba y luego dejaba que el sentido de la justicia contase la historia que nadie podía contar; eso le traía una extraña paz. Trabajar en Policiales le enseñó a apreciar la violencia contra las mujeres como un problema sistémico, parte del tejido social. La militancia la llevó a escribir asiduamente en el suplemento feminista más influyente, y desde el principio se involucró con fuerza en las marchas de Ni Una Menos, antes de que el debate del aborto y el #MeToo volvieran la causa feminista un asunto más *mainstream*.

Los ojos de Mireya eran dardos que podían encenderse o apagarse detrás de sus anteojos de marco grueso. Era rubia, con algunas pinceladas pelirrojas en el cabello rizado como un sauce eléctrico, y le gustaba mantener un look formal, de corbatitas y chaquetas sastre, que contrastaba muy bien con su melena ondulada, que a veces pintaba en mechones verde aborto para las marchas. Su propuesta sexual era moderna, desprejuiciada y radicalmente feminista. Ella tenía necesidades fisiológicas que bien podían satisfacerse sin un hombre, pero que podían incluso satisfacerse *mejor* si reducía a un hombre a su mínima expresión: el Perro sería su Uber de carne en barra. Había cierto desprecio en no querer nada de él, en no interesarse por *su persona,* su conversación: la excitaba que fuera un terrorista sexual que entraba en su casa, con la bomba adentro del pantalón a punto de explotar. No tener una relación la liberaba, y ella misma se transformaba: dejaba a un lado la feminista severa y se convertía en una felina tersa y ardiente. Mireya le llevaba unos años, y a él, según dijo, siempre le habían gustado las minas más grandes. Le contó que, cuando él tenía nueve años, tuvo su primera relación sexual con una mujer de treinta y uno. A Mireya la enterneció que él no se diera cuenta de que ese episodio que tanto lo enorgullecía había sido un abuso sexual, donde él era la víctima.

"Yo pensé que iba a ser una experiencia y listo, terminaba ahí. Tenía mil problemas personales, me había separado, estaba durmiendo en una colchoneta, en un monoambiente nefasto, un día me fui sin cerrar la ventana y llovió a baldazos y se llenó todo de agua, se me mojaron casi todos los libros y para secarlos los puse en la ventana y se cayeron a la mierda, algunos se pudrieron con las hojas pegadas por el agua, inservibles, la verdad que no tenía absolutamente nada. Era el peor momento de mi vida. Y además había una cosa en mí, porque a mí, ¿qué me interesaba de ella? Yo quería entrar en la redacción. Era *freelancer* desde hacía diez años en *El Argentino*, y ser un *freelancer* es lo peor. En un medio así, cuando entrás en la redacción de pronto sos, *existís*, participás de lo que pasa, es otra cosa. Yo quería pegar el braguetazo, no lo niego. Ella era la jefa de Cultura, la que mandaba en el diario; yo era un Perro de albañal, un buscavidas, un escritor muerto de hambre, así como me ves. Bueno, a partir de ahí empezamos una relación enfermiza".

"¿No te sentiste presionado en ningún momento por tener que *rendir* y no poder?".

El Perro ríe encantado. Me escudriña sonriente, quiere cerciorarse de que le hablo en serio.

"¿Me estás hablando en serio? Vos nunca cogiste con un peronista, ¿no?". Se me escapa una risa. Debo estar colorada. Él se tira para atrás y me mira divertido, encendiendo un cigarrillo.

Pasa a explicarme, con un tono didáctico, ligeramente compasivo, que los peronistas, los hombres *de verdad* como él, no tienen esas preocupaciones. Siempre están listos para la acción sexual: es su patria y su elemento. Veo entonces que el Perro viene a ser la encarnación de cierto arquetipo nacional: el macho argentino intelectual. En el país del Che Guevara y Rodolfo

Walsh hay presión social para acercarse a ese ideal; ser un hombre de acción confiere una mística especial en el campo intelectual. Durante el siglo XX, el capitán de ese prototipo había sido David Viñas, autor de títulos recios como *Hombres de a caballo*, *Cuerpo a cuerpo*, *Dar la cara*, Viñas era alto, corpulento, de bigote ancho y estilo bravo; todo en él acompañaba su talante feroz de Garchador Letrado, gaucho de pensamiento y acción. Sus conquistas amorosas incluían a estrellas de cine como Solita Silveyra, que lo acompañaba a sus clases de Literatura Latinoamericana ataviada con un vestidito ligero, un pañuelo en la cabeza y anteojos negros, un *modo incognito* que la volvía mucho más reconocible. Solita se sentaba en primera fila, y Viñas dedicaba sus clases a dilucidar la forma en la que cogían los centauros de la pampa, cómo el sexo era la manera del gaucho de continuar el viaje a caballo, la experiencia profunda del infinito en la extensión de la pampa; porque someter a la mujer era parte de la forma cimarrona de ser hombres, algo que un extranjero como V.S. Naipaul, en su gran ensayo sobre la sodomía y Eva Perón, había notado también. Los alumnos se mareaban un poco, pero se iban con una idea general de cómo eran sus encuentros fogosos con Solita.

Fui adscripta de la última materia que dictó Viñas, Problemas de Literatura Latinoamericana. Una vez lo vi a solas en el Instituto de Literatura Argentina, la sede del Bajo de Filosofía y Letras, un palacio majestuoso que se cae a pedazos, "nada más apropiado para enmarcar nuestro asunto", como decía él. Yo estaba reunida con la directora del instituto en su escritorio y las dos nos quedamos mudas al verlo avanzar, el mismísimo Viñas cruzaba el pasillo atestado de libros, la bestia mítica, el Choma Máximo de la Literatura Argentina, que se acercó y preguntó discreto, suavizando su voz de dragón: "Ya está… ¿aquello?". Luego entendí que la directora del instituto debía conseguirle una gaseosa Quatro Pomelo del kiosco en la planta baja, y una vez que la obtuvo, el gran Viñas volvió a perderse en las profundidades de su cueva docta, a continuar su trabajo sobre el arte olvidado de los Grandes Gauchos Cogedores.

Pedí una botella de vino rosado, un Garnacha mendocino bien frío. El Preferido bulle de verano y la noche es divina y pegajosa como todo en Buenos Aires. El aire no circula y el calor se deposita entre las personas que se miran como dentro de un pozo intenso y espectacular. Es evidente que el Perro disfruta su papel de chico malo, de protagonista.

Por mi parte, creo que disfruto un poco de verlo acorralado, como se definirá él más tarde. Le reconozco al Perro todas las señas del predador, pero yo no me autopercibo su presa; todo su alarde fálico es un mástil del que me ato, como Ulises, para escuchar a la sirena en él, para apreciar ese esplendor de pecholobo que otra mujer encontró en él. No puedo evitar verlo como un animalito del amor, yendo de ama en ama, preso de un hedonismo cuya libertad radica en ser un artista del escape. No deja de haber cierta enseñanza moral en que haya sido su propio miembro el que cavó su maldición.

En eso llega Mateo, nuestro amigo en común. El Perro le pregunta si alguna vez sintió presión por "rendir", y Mateo sonríe, se deja caer en la silla con satisfacción. Les encanta el tema. Las chicas sentadas en la terraza parecen interesadas en nuestra mesa; deben ser los dos hombres más atractivos de El Preferido, al menos de la sección terraza.

"Quedate tranquila, el Perro no tiene el trauma del patriarcado", dice Mateo, sirviéndose vino.

"Igual a Mateo seguro que sí le pasa de vez en cuando, pero porque es gorila", guiña el ojo el Perro. Me reí sin querer. El Perro no sería mi tipo de predador, pero sí tenía algo realmente singular, que lo volvía especial entre los hombres y las mujeres de su espacio: no tenía problema en moverse por fuera de su clan. Era algo que pasaba tan raramente, que se había convertido en un don, una excentricidad. En general, la gente de la cultura (autores, artistas, actores, periodistas) había aceptado sumisamente las divisiones que le proponía el Estado: había tomado como "enemigos ideológicos" propios a los enemigos de los políticos que le gustaban, y por eso hablar con el Perro tenía algo de viaje en el tiempo, de cuando iba a la universidad y las ideologías eran variantes seculares del gusto, de exploraciones personales y de la identidad que habías decidido tener ese semestre, de que el último verano hubieras descubierto a Von Hayek o a Marx, o a alguien fanático de Von Hayek o Marx que te gustaba, y nadie iba a dejar de hablarte porque fueras trosko o porque te gustara más George Eliot que Pixies o The Cure. La polarización política solo había simplificado el paisaje de lo posible, aplanando lo que se podía pensar o no, con quién estaba mal visto juntarse y con quién no; había vuelto a la gente afectada, temerosa y profundamente aburrida. No era que el Perro hubiera atravesado la histeria de su tiempo como por un túnel, sino que se sentía tan auténticamente peronista que eso lo autorizaba a verse con quien le daba la gana, y eso incluía interesarse por los cócteles inesperados que el destino podía combinar entre su yo y el resto. A diferencia de sus colegas humanos, el Perro podía tomar vino y bromear con un "gorila", su enemigo político, no disfrazaba sus enconos personales de posturas políticas; en esto iba a contrapelo de su época. Yo envidiaba eso, la ciudad le pertenecía como les pertenece a los perros de la calle, era uno con su libertad.

Mateo conocía la historia de Lola y la acusación de negacionista en Alemania, sabía que yo estaba detrás de hechos que usaban ideales nobles (el feminismo, la lucha contra el antisemitismo) como armas de destrucción masiva. Yo me había convertido en un sujeto de sospecha, y eso cambiaba todo; ya no podía mirar el conflicto de género como un deporte de espectadores, como una temática de la sociología contemporánea, porque había experimentado de primera mano el sistema de la venganza: cómo ciertos discursos tienen propiedades mágicas para dejarte del lado del mal a erradicar, cómo una historia puede activar los mecanismos mediante los cuales la civilización se protege de los indeseables. Pero miraba al Perro y pensaba en la paradoja de escuchar a un hombre al que, en otro contexto, nunca le hubiera creído una sola palabra, y cómo ahora, en cambio, *no podía dejar de creer en él*, y me preguntaba si esto ocurría porque el Perro era mi personaje —ya lo era, lo escribía mientras lo escuchaba—, y si no era el hecho de haberse convertido en mi personaje lo que lo envolvía de cierto halo carismático y encantador que, en otras circunstancias, no me habría conmovido. ¿No disfrutaba él de la atención de ser el villano? ¿No había encontrado un traje de depredador sexual que en realidad halagaba bastante sus propias fantasías sobre sí mismo? "No es tan así, pensá que perdió todo, ahora lo único que le queda es ser él mismo. Más él que nunca. Además, te va a encantar su historia", me asegura Mateo cuando el Perro se va al baño.

Como sea, me da gracia pensar que vine a la perrera, la perrera de los barrotes invisibles. ¿Qué buscaba yo recolectando estos perros apartados de la sociedad? En esas jaulas tampoco hay clases sociales: los animales de raza se mezclan con los callejeros, los estupendos, los enfermitos, los cansados de vivir. De regreso, el Perro Alonso se acomoda en su asiento, toma un buen trago de vino y continúa:

"Ella siempre está queriéndome ayudar, y yo me dejo, porque además lo necesito, pero noto que de su lado es un *quid pro quo* también. El *quo* es sexo. Me ayuda y después me manda mensajes: '¿Salimos mañana? ¿Venís a casa, me hacés un asado?'. La entraña y las mollejas son mi especialidad. Ella lo vuelve transaccional, quiere que sea su chongo, su che pibe, que le ase la carne y le revuelva el estofado. Y yo le cumplo. Hasta que llega diciembre y las nenas (tengo dos mellizas, Olivia y Belén) se van de viaje de egresados y casualmente una de las madres del colegio es amiga de Mireya y le manda una foto de las egresadas, y Mireya me la muestra. Había un tipo, un adulto en la foto. Un tipo de mi edad, que yo no sabía quién era. Voy a comer a lo de mi vieja y me dice: 'Te vas a enojar pero tratá de tomarlo con calma. Olivia y Belén eligieron al novio nuevo de la madre como acompañante en el viaje de egresados'".

El Perro se emborracha hasta la medianoche, y llega decidido al edificio de su ex. "¡Bajá, hijo de puta, te voy a matar!", le grita a la hilera de pisos. El hombre no baja. Su ex sale a la calle en pijama y pantuflas y le dice: "Con qué cara venís a hacer un escándalo cuando vos te cogiste a una menor de edad, andate, haceme el favor, y dejanos en paz". El Perro se vuelve contrariado por donde vino. Entra en Facebook, ve los mensajes de sus alumnos: "Profe, dicen que usted sale con chicas menores de edad, ¿es así?". Llega sin dormir a la redacción, donde lo recibe Mireya, tomando mate desde temprano. Demudado, al borde del llanto (borrachera, dramatismo personal), el Perro le explica, le *confiesa* a Mireya que fue un amorío de un año, que terminó hace mucho, cuando él tenía treinta y uno y ella quince, que fue una relación "consentida, hermosa, muy familiera", donde era "el noviecito de la nena" y hasta se fue de vacaciones con la familia de la chica a Mar de las

Pampas. Le muestra los mensajes de su jovencísima ex: mantienen un vínculo amistoso, ella no entiende que se hable de esto ahora, siente que está siendo usada por alguien que no sabe quién es.

"Quedate afuera de las redes por un tiempo. Yo te voy a ayudar", lo tranquiliza Mireya.

El crecimiento de los escraches se puede modular: una feminista influyente como Mireya, con llegada directa sobre grupos feministas muy activos, puede desestimar una acusación con algunos llamados estratégicos, deteniendo el crecimiento viral. Las gestiones no son públicas; los comentarios simplemente se vuelven invisibles y el tema cae, se diluye. El asunto desaparece tan repentinamente como empezó. Al cabo de una semana, las discusiones y los chats donde lo llamaban ABUSADOR DE MENORES, los posteos de las alumnas que lo habían conocido, y aunque no podían decir que él las hubiera abusado, habían empezado a dudar si en realidad no había ciertas conductas que eran las *actitudes propias de un abusador*, todos esos comentarios y elucubraciones contra el Perro habían desaparecido. Si alguien se acuerda del tema, puede hacer una búsqueda: si la búsqueda no da resultados, el tema no existe, y si nada aparece, lo más probable es que nunca haya existido.

El Perro no sabía cómo agradecerle; más que nada, no quería que las nenas vieran que decían esas cosas de su papá. No podía creer que la maraña de acusaciones, que había crecido como hongos supersónicos, se hubiera desvanecido gracias a la varita mágica de Mireya. Ella tenía un auténtico superpoder, una capacidad insospechada y fuera de serie para controlar la gran bestia contemporánea, las redes sociales.

Salieron de la redacción y caminaron juntos hasta el bar Los Galgos, en Callao y Lavalle. El invierno porteño empezaba a arreciar, él le prestó su gamulán. El Perro siempre la hacía pasar antes, insistía en servirle la bebida. Se había vuelto un juego entre ellos, él sobreactuaba esos gestos y ella protestaba ante sus coreografías heteronormativas. Le prohibió tocarla en el diario, "¿qué va a decir la gente, la feminista que sale con el macho patriarcal?", le preguntó Mireya, divertida de su transgresión. Cuando estaban juntos, todo le parecía un paso previo a la risa o al sexo. Vivían su historia como una comedia, la feminista que sale con el macho patriarcal; eran amantes clandestinos de mundos enemigos, Montescos y Capuletos del orbe actual.

Esa noche, Mireya pidió un chocolate caliente con leche, y el Perro le preguntó si conocía bien a los morochos de Los Galgos como para pedir esa leche tan confiada; ella se dobló de risa, no podía creer que sus groserías pueriles le arrancaran carcajadas así. Mireya se sacó los anteojos y sorbió la pajita mirándolo, y él susurró: "¿Vos querés matarme, que se me pare desde ya? Esperá a que lleguemos a tu casa". Para que viera que iba en serio, apenas el mozo se dio vuelta el Perro le agarró la mano y le hizo palpar su erección bajo la mesa. La acompañó a casa y se comieron a besos bajo la luz que entraba de los edificios vecinos. Esperó a que se durmiera para taparla con la manta, y luego se volvió a su casa caminando al amanecer, agradecido e inspirado, escribiendo párrafos enteros en su mente. Le surgen preguntas existenciales nuevas, por ejemplo, ¿cuánto tiempo estuvieron los hombres primitivos metiéndola por el culo, hasta saber que por ahí no era? Cuando está con ella a veces piensa en la Venus de Willendorf, la primera Kardashian arqueológica y él es alguna versión paleolítica de Príapo, el rey pagano de la erección. Mireya sacaba de él algo muy primitivo cuando cogían, algo que lo conectaba con civilizaciones pasadas, de homínidos en trance de volverse hombres; muertos de hambre como él que veían en la Venus la cima de lo divino porque conocían muy bien el terror abisal del estómago vacío y por eso asociaban la felicidad a la comida, y qué era él sino un pobre escritor muerto de hambre, y además le encanta que los escuchen aullar.

Por esos días el Perro recibió una invitación de la Fundación García Márquez para dar un taller de crónica periodística en Puerto Rico; pagaban los tickets aéreos y tres días de hotel. Convenció a la fundación de que la feminista más importante de la Argentina debía coordinar un taller de "Nuevas identidades: feminismo y poder". Le leyó en voz alta el mensaje, orgulloso de su propia rimbombancia, y ella respondió arrebolada que sí, sería un placer participar.

Mireya se dispuso a volver el viaje inolvidable, y reservó un hotel boutique para extender su luna de miel a orillas del mar. La empleada de Caro Cuore le recomendó probarse los trajes de baño con gafas de sol; el sol es fuerte en el Caribe, así es como se vería todos los días, era lo más realista. Eran bikinis para anoréxicas, de eso no había duda, pero si se sacaba los anteojos de marco grueso y dejaba su melena rubia suelta, el escote relucía y Mireya se autopercibía como la tremenda hembra que era. Aprovechó para comprarse lencería nueva, la empleada sabía lo que hacía. Quizás se podía jugar a dos puntas con la hegemonía patriarcal: denunciarla como era debido, en las redes y en los medios, y también aceptar que no estaba mal verse espectacular, turgente y amada por todos los flancos. Era la mirada estricta, entrenada en el feminismo militante, lo que la distraía de la causa grandiosa de su cuerpo. Mireya tenía cuarenta y nueve, pero su corazón latía como el de una de quince. Era una ironía amarga, le dijo una vez, pero por su militancia feminista había quedado lejos de lo que más le gustaba: los hombres *bien hombres,* tan exageradamente hombres como su Perro.

Cuando llegan a Puerto Rico, Mireya despliega los goces secretos que trajo para él. Lo toma de la mano para caminar juntos por la playa a la caída del sol, lo invita a jugar a la paleta en la orilla. El Perro refunfuña, pero se deja arrastrar. Pegarle a la pelota es bastante más difícil de lo que pensaba; se siente viejo, pesado, fuera de estado físico, lo que lo pone de un humor pésimo, que Mireya interpreta como un rasgo de hombría recalcitrante y de consumada intimidad. Cuando regresan al hotel, se ducha primero y prepara la habitación hasta dejarla a oscuras. Desde la noche de Los Galgos lo deja hacer cosas que nunca hizo antes. No debe haber nada más feminista que tenerlo atado al hilo de su deseo, su mascota patriarcal que no se cansa de domar. Le encanta que él se esfuerce por complacerla, aunque todavía no se anima a que la vea gozando, por eso la oscuridad. Quizás está enamorada, pero no quiere ni pensarlo, ¿y por qué llamarlo amor? ¿Por qué constreñir su relación según los límites heredados de la cultura burguesa patriarcal?

La fundación organiza una comida para todos los invitados al evento, que vienen de muchos puntos de Latinoamérica. Mireya se ubica en la mesa y el Perro se va a dar una vuelta por el lugar, "una misión de patrullaje", se acerca a la barra y pide un whisky. Siente una voz cantarina en el oído: "En mi tierra, a esos les decimos *el amarillo*". La que habla es Xica, una venezolana a cargo de la logística de la fundación. Tiene un cuerpo dibujado, es morena y menudita, la piel suave y mestiza, la camiseta finita, las areolas de sus pechos diciéndole ¡hooola chico! cada vez que el Perro la mira a los ojos.

"¡Amarisho! Es verdad que es amarillo, pero me gusta como lo decís vos", y Xica, que se mueve rápido sobre sus tacones altísimos y su jean superajustado y que además de menuda es francamente petisa, como le gustan, le susurra al oído que tiene para fumar marihuana, si gusta. El Perro vuelve a la mesa, Mireya está ansiosa, ¿por qué tardó tanto? "Uh, me olvidé el encendedor en la barra, perdoname, ya vuelvo", y el Perro se escapa buscando a Xica hasta que la intercepta en un patio interno. Xica le habla cerca de la boca, le dice: "¿Pero tú no has venido con tu novia, una rubia de rulos? ¿No duermen en la misma habitación?".

El Perro se desespera. Necesita pasar horas levantando la camiseta de Xica, chupándole las tetas hasta que salga chocolate. Hubiera querido portarse bien pero no puede, es más fuerte que él. Ensaya su verdad que suena a mentira: "No, es una compañera del diario, es largo de explicar, pero no es mi novia". Xica le pregunta cuál es Mireya: la ve sentada a su mesa, las mechas rubias lloviendo sobre su ropa vieja, el clásico culinario del Caribe. Xica piensa un poco, tiene una gran capacidad resolutiva: "Bueno, si para estar contigo tengo que estar con ella, pues está bien".

El Perro se enamora al instante: "Sí, hagamos un trío ya". Tiene la mano cerca de su entrepierna, y no puede creer que ella no se espante, que sea tan empoderada, tan morena y caribeña, que guste tanto de él. Todavía no sabe si esto es lo que él, el Perro, *produce* en la mujer caribeña; quizás es algo parecido a lo que les pasaba a los Adelantados españoles, que llegaban a las comunidades guaraníes para tomar cada uno veinte morenas dulces y sumisas, porque ellas estaban esperando la llegada de los dioses y él, el Perro, se había preparado toda la vida para coger como un dios. Después de todo, los Adelantados habían sido precedidos por las fantasías de las chicas indígenas, de toda una cosmovisión aborigen, y negarse a cumplirlas hubiera sido una falta grave de corazón, por sobre el resto de los órganos. La diferencia es que él es un adelantado peronista, el último bastión de los Machos del Sur a la conquista de las sirenas menudas de las Antillas; como sea, es un comienzo excelente.

"Anda, vuelve a tu mesa", propone ella, experta en logística. Mireya está cansada, quiere regresar al hotel. Xica se presenta y saca a bailar a Mireya; quiere mostrarle la salsa, el baile de su país.

El Perro las mira bailar. Va por su tercer amarillo. Las caderitas de Xica vibran explosivas y tiende los brazos a Mireya, que se deja llevar. Hay mucha gente en la pista, el clima es de algarabía general. Mireya no logra mirarla a los ojos, no está acostumbrada a la sensualidad del Caribe, después de todo es una intelectual, una activista, mientras Xica se retuerce como una anguila sobre su cuerpo. El Perro está conmovido. Una venezolana que haría lo que fuera con tal de acostarse con él, hasta bailar con el tronco de Mireya, ¿no era amor a primera vista?

Mireya nota que él las mira, y se anima a tocar un poco más a Xica. Pero no es solo el Perro, todos la miran; alguien le dice Shakira. Mireya se pone a revolear la maraña rubia, *es* Shakira: los hombres empiezan a acercárseles, a bailarles al lado, hasta que el Perro irrumpe en la pista, vaso en mano, para dejar en claro que Shakira y la morenita salsera le pertenecen. Se van los tres al hotel.

Cuando entran a la habitación, el Perro se saca los zapatos y pone música bajita. Xica se sienta en la alfombra y enciende un cigarrito de flores. Mireya ahora es una Shakira tranquila, de entrecasa, no quiere fumar marihuana pero sí leerles unos poemas que escribió la noche anterior, sobre el goce y la identidad. Son sus primeros poemas, su género es más bien el ensayo comprometido contra el patriarcado, pero aquí en el Caribe se inspiró; quizás es el mar, que la toca muy adentro. El Perro se une a la alfombra y estira la pierna, su pie casi rozando a Xica. Discreta, Xica abre las piernas y se balancea despacio hasta dejar su chucha, concha o coño (¿cómo le dirán en Puerto Rico?, medita el Perro) contra el pie de él. Mireya lee el poema, y Xica pega la pelvis contra el dedo gordo del Perro y empieza a metérselo milímetro a milímetro con su *labia maggiora*, hasta introducírselo totalmente, con lo que el Perro reprime un gemido de placer y admiración.

Xica acaricia a Mireya, le tira el humo en la cara. Mireya tose. Xica se lanza sobre ella, la besa, la desviste y le practica sexo oral, levantando en alto el culo y meciendo su ano, que parece pestañear guiñándole el ojo, hasta que el Perro no puede más y empieza a chupárselo con toda la boca.

"Entonces hago lo peor, hago lo que creo que haría un caballero. Pienso que tengo que cogerme primero a la que me gusta menos. Darle prioridad, porque llegué con ella, y para disimular que lo que quiero es estar con la otra. Pum, me pongo el forro, me voy encima de Mireya, le doy duro, le doy bien, hago todo lo que puedo, le pregunto si acabó, me dice que sí, que está bien, se va a dar una ducha. Al fin la tengo a Xica toda para mí. Se la meto con gusto, pero también estoy borrachísimo y no sé bien qué pasa, estoy muy pasado y me quedo dormido, así como estaba. De pronto siento un ruido, como un chancho al que le están pegando. Veo a Mireya llorando en el borde de la cama. Toda desgreñada, en bata de toalla, con el pelo mojado. Xica duerme abrazada a mí".

Sentada al borde de la cama, Mireya le extiende el teléfono. Su llanto es deforme, destructivo, incontrolable, y va subiendo en intensidad. Xica se despierta y desaparece en el baño.

El Perro se pone los anteojos, no llega a ver bien. Son números. Mireya tiene el teléfono en modo cronómetro.

"Medí el tiempo que estuviste con ella y el tiempo que estuviste conmigo. El tiempo que te la cogiste a ella fue mucho más que el que me dedicaste a mí. Y el tiempo desde que estás dormido a su lado. Nunca te quedaste a dormir conmigo, nunca te quedaste en mi casa", le dijo sollozando.

El Perro la mira sin hablar. Quizás ese llanto hiposo e incontrolado escondía el sereno vibrar de las trompetas de su liberación. Quizás al fin Mireya había captado lo que él había intentado transmitirle siempre: que no era material para novio. Que podía ser su macho portátil, su pija de ocasión, su mascota patriarcal para servirle y hacerle un asado cuando quisiera. El borracho con el que ahogar penas, el camarada al que recurrir si necesitaba darle una paliza a un enemigo, su Australopithecus criollo, y que en eso jamás la iba a defraudar. Podían ser amigos, colegas, amantes, pero el Perro pertenecía al auténtico sexo débil: la carne lo podía. Pensó que si acompañaba ese llanto con cierta elegancia y declaraciones amistosas le sería devuelta su libertad.

Pero Mireya estaba llena de lágrimas asesinas, y empezó a gritar. Xica se escabulló de la habitación. Todo había sido un engaño. Él solo había querido estar con esta chica, como se llamara, y la chica tampoco había querido *realmente* acostarse con ella, ellos solo querían estar juntos. Lo había visto, lo había *leído* en la manera en que cogían como animales en celo, frenéticos, enloquecidos, hambrientos uno del otro. Todo había sido a propósito. Ella nunca había estado con una mujer. Había sido arrastrada a un trío, su primer trío, para jugar el rol de un extra, alguien sin importancia, sin amor.

Lo que el Perro no sabía era que traicionar el amor de Mireya y sobrevivir no era un lujo al que pudiera acceder. Su supervivencia en sociedad solo era factible si tenía a Mireya de su lado; sin ella, no tenía una vida a la que volver. Había violado su confianza, su fe en el amor, que era algo tan sagrado como su cuerpo, y apenas ese vínculo se derrumbó Mireya hizo caer la muralla protectora que había construido para él.

Al fin llegábamos al *backstage* emocional de la historia pública que yo conocía: que una feminista muy conocida había estado saliendo con un abusador, aunque eso era más bien un chisme de los círculos periodísticos, y lo que se había vuelto público en los posts de Facebook era que el Perro estaba acusado de ser un violento y un violador de mujeres. Mireya salió sollozando de la habitación, con su maleta y su juego de pelota paleta. Esa misma tarde, llorosa y enfurecida, se ocupó de llamar, una por una, a las cabezas de los grupos feministas. Esa verdad que él le había contado sobre su pasado había tomado un cariz nuevo y definitivo; lo que ella había callado por amor ya no tendría un dique que lo contuviera. Diques rima con chiques: elles debían saber la verdad.

A la mañana siguiente, lo denunció en la fundación por maltrato y violencia. Declaró que el Perro era un tipo violento y peligroso, que la había torturado psicológicamente, que no se sentía cómoda trabajando junto a una persona así. En la fundación no sabían muy bien cómo reaccionar; le preguntaron si prefería cancelar su participación. Ella respondió: "De ninguna manera. Se tiene que ir él".

El Perro hubiera dicho que no le importaba nada, que prefería quedarse escribiendo sobre el culo de Xica, emulando a sus ídolos Henry Miller y Charles Bukowski, pero le encantaba dar talleres de periodismo. Nunca había tenido alumnos caribeños; le daba curiosidad saber cómo pensaban, cómo escribían. Le molestó que Mireya hablara mal de él; después de todo, había sido invitada gracias a su gestión, no podía ser tan malagradecida. La encontró tomando el desayuno del hotel. Se la veía repuesta, el pelo rubio salvaje recogido en la nuca, inclinada leyendo el diario con sus anteojos gruesos. El Perro hizo un rodeo por el bufet, llenó dos platos de todo lo que encontró, y se acercó por atrás.

"¿Miri? Escuchame, ¿podemos hablar?".

Como no respondía, el Perro empleó el tono severo que a veces funcionaba con su hija: "Mireya, lo de ayer fue un desastre, tenés razón. Pero lo nuestro es personal. No podés hacerme echar de acá". Recio, como le gustaba a ella. Pero ese tono que antes la había hechizado, que había arrancado de ella los primeros poemas de su vida, que la había inspirado a comprarse bikinis y apagar la luz antes de hacer el amor, ahora se había convertido en la sombra opresora del patriarcado, el sistema de dominación que había buscado romperla y humillarla desde el principio.

"Lo personal es político", dijo Mireya volteando la página del periódico, sin apenas rozarlo con la vista.

Salí a caminar por Palermo Tel Aviv, mi barrio favorito cuando estoy en Buenos Aires. Es un extremo de Palermo muy arbolado, donde vivía Macedonio Fernández, sobre la avenida Las Heras, cercado por el Jardín Botánico y por el Ecoparque donde ahora corretean las maras, unas liebres de orejas cortas muy simpáticas, oriundas de la Patagonia. Caminando hacia Libertador, las tipas y los plátanos se curvan sobre la calle en una cueva alargada y verde que bulle de cafeterías y bistrós encantadores. Me ubiqué en la vinería Aldo's y al rato llegó Mateo, extrañamente puntual. Miró a su alrededor complacido: "¿Soy el único hombre en este bar, o me equivoco?".

Quería saber si estaba escribiendo "de eso".

Yo no sabía de qué estaba escribiendo ya. De la verdad como ilusión, de la ilusión como verdad. De las mujeres que, como las diosas antiguas, reclamaban el poder de hacer y deshacer las vidas de los hombres. Que una mujer con el corazón destrozado es como un dios vengador siempre se había sabido; solo que ahora contaba con un ejército grandioso e inexpugnable para serlo. Detrás de la virtud se esconde el trauma.

Ahora bien: apreciamos el poder como una forma de grandiosidad, de sofisticación de la violencia;

¿por qué no podríamos apreciar también al ejército anónimo que ahora definía la vida de los hombres sobre la base de sus trayectorias sexuales? No existió un momento histórico en el que todo el mundo pudiera publicar; la excelente Irène Nemirovsky tuvo que recurrir a seudónimos y a la discreción de editores amigos para poder hacerlo, debido a su origen judío, incluso antes de la llegada de la Wehrmacht a París; durante milenios las mujeres solo publicaron de manera póstuma, pero aceptar estos antecedentes implicaba dar por justos esos criterios fascistas.

Para existir —para doler—, las palabras, como las personas, necesitan una comunidad. El castigo de Mireya funcionó porque ella formaba parte de una elite que creía en su prestigio y trayectoria; Lola, en cambio, no había podido charolar su venganza de forma más dañina porque, a pesar de su abolengo universitario, carecía de una comunidad, de una burbuja que le reconociera peso a su palabra; a Lola nunca le interesaron ni los desaparecidos ni las políticas de la memoria en ningún país, y muchísimo menos el feminismo; en suma, esa falta de compromiso había entorpecido el poder de su ataque, y su carta había quedado como la maldición de un hada malvada sin mayor poder de fuego porque Lola no pertenecía a ninguno de esos grupos. Sin embargo, en el caso de Laurent, la denuncia había funcionado sin que la acusadora formara parte de ningún colectivo; era la universidad parisina la que había extremado los gestos de la pureza, como una forma de bruñir de un nuevo lustre moral a su comunidad. Castigar a Laurent era un alarde de sus propias capacidades higiénicas, de su idoneidad para autodepurarse expulsando incluso a uno de su propia casta; un gesto de rigor extremo que completaba a la universidad como un pináculo no solo intelectual, sino también moral. La elite testea su poder de transformación en la persecución de los indeseables; son sus ritos de pertenencia.

Pero quizás había algo mucho más relevante que poder contar con un ejército, y era una aplicación del experimento mental llamado "El Basilisco de Roko". El Basilisco de Roko dibuja un escenario: estamos en el futuro, y surge una superinteligencia AGI, es decir una inteligencia artificial general, que retroactivamente castiga a todos los que no actuaron para facilitar su surgimiento. El Basilisco de Roko sería precisamente este monstruo de máximo poder de aniquilación. Entonces, si alguien, en el presente, no contribuye al desarrollo de una IA, luego puede venir el Basilisco de Roko y crear una simulación para torturarte por haberte opuesto a su existencia, o simplemente por no haber contribuido a ella. El problema es que conocer la existencia del Basilisco de Roko no te deja indemne: en algunos foros, algunos usuarios llegaron a reportar síntomas como pesadillas y ataques de pánico luego de conocer la teoría, ya que *estar al tanto* de la teoría del Basilisco te vuelve automáticamente vulnerable a él. Si elegís no actuar en su favor, lo estás haciendo de forma consciente, cuando antes hubieras podido al menos alegar ignorancia, algo que mueva a la piedad al Basilisco. De un modo similar, saber que hay una denuncia contra un hombre y no actuar como si el hombre fuera de suyo culpable podría producir castigos retroactivos para las personas que no contribuyan al escarmiento, por estar oponiéndose a una causa noble, la lucha contra la violencia contra las mujeres. Así, el sistema universitario francés había preferido sancionar a Laurent antes de investigar la denuncia en su contra, por miedo al efecto retroactivo que podría tener sobre la institución una omisión de este tipo; Lola me había castigado por no unirme a su venganza contra su amante, y quizás las mujeres que ahora contribuían a la clandestinidad del Perro lo hacían no solo porque creían en Mireya, sino también porque no querrían que un castigo retroactivo se les aplicara por no apoyar una causa noble en la que sinceramente creían. En suma, el Basilisco de Roko se aplicaba a la inteligencia artificial, pero también era descriptivo de la diseminación de las causas progresistas.

La elite opera y desintegra lo que no termina de deglutir; necesita detentar poder y el poder es un exceso que se ejerce en el frenesí de la destrucción. Puede prescindir de pruebas, como la revolución guerrillera puede prescindir de demostrar que están dadas las condiciones para la toma del poder: la insurgencia es su método salvaje. ¿Y por qué serían distintas la verdad y la mentira en una época en la que lo inventado (una IA) no puede distinguirse de algo real?

Pero había algo más, algo que no terminaba de explicar, ¿qué me atraía a estas zonas de desastre? Aunque vinieran a mí, yo podría haber pasado de ellas, como tantos mensajes de spam sin revisar. Lo que me interesaba eran estas mujeres que habían hecho de ser víctimas una forma personal de crueldad; yo quería escuchar a Circe, sentir la maldición como quien trepa un volcán. Porque si podía treparlo, y apreciar la lava ardiendo por el *mons veneris,* es porque no formaba parte del volcán. Un chispazo de hielo interior. Mi madre solía castigarme con dureza, y en una de esas, mientras me pateaba en el piso, se esquinzó una pierna. La escuché hablando por teléfono con un familiar, le explicaba que no podía asistir a alguna fiesta porque le habían puesto un yeso, se había lastimado pateando una aspiradora. Mi madre no era especialmente mala, pero sí impredecible, fría y desapegada, creyente en una educación recia, de hombres, de inmigrantes, y yo no debía ser una chica fácil; como sea, a los tres meses de mi nacimiento (era su primera hija) me dejó en la casa de mi abuela Olga y se fue a navegar por varios meses con mi papá. Para el momento en que nací, hacía un par de años ella había dejado de militar en el Partido Comunista Revolucionario, cuando secuestraron a su hermana Martha en 1975; todavía había un gobierno democrático. Para reclamar que mi tía, militante de Vanguardia Comunista de veintitrés años, apareciera con vida, mi madre se convirtió en lo opuesto de la estudiante de Psicología idealista que era: se volvió una con los que sobreviven. Devino una señora de Belgrano digna, decente y marcial a sus veintisiete años, que vivía frente a una comisaría, de donde a veces se escapaban gritos horrorosos que nadie registraba, y que finalmente obtuvo, gracias a sus impecables despliegues de señora bien que nada tenía que ver con la subversión y a las gestiones del cónsul de Perú en La Plata, que mi tía fuera blanqueada en la cárcel de Olmos y obtuviera el destierro por extranjera; la salvó ser peruana. Tuvo mastitis en el viaje, porque había cortado la lactancia de un día para el otro, y de mi lado no debía haber quedado nada que aspirar o succionar; me quedó un amor incondicional por mi abuela y una tendencia infantil a deambular de noche y no dormir nunca; mi abuela me llamaba "ojo cuadrado" porque era imposible dormirme. Por más que, muchos años más tarde, yo leyera a Nietzsche y buscara procurarme ese ansiado desierto de siete soledades, en realidad era el único lugar donde podía estar.

Por otro lado, creo que sentía un poco de culpa porque no podía evitar que me divirtiera tanto el infortunio del Perro, como si su comedia sexual necesitara un poco de *gravitas*, de tragedia, para conmoverme. Pero me dio la sensación, por un instante, de que Mateo lo disfrutaba incluso más: porque toda la historia solo resaltaba la certeza de que el sexo es un tipo de explosión de energía nuclear cuya onda expansiva nunca es del todo controlable ni se sabe a ciencia cierta hasta dónde puede alcanzar. El camarero nos ofreció probar un rosado nuevo: Punto Final, mendocino y con chispazos de frambuesas, y Mateo lo aceptó diciendo que por supuesto lo probaríamos, era una cuestión de obediencia debida.

Oscureció la voz para anunciar que el Perro había pasado a la clandestinidad. Como Rodolfo Walsh antes del golpe del 76; de hecho, Walsh había vivido clandestino a la vuelta del bar donde estábamos, en esta zona tan coqueta de Buenos Aires. ¿Sabía yo ese dato? Como fuera, el incendio del Perro era definitivo. No podría formar parte de la vida cultural argentina, ni de ningún país de habla hispana. Si lo invitaban a dar talleres, los organizadores eran denunciados; la situación se extendió al diario. Le permitieron seguir publicando a condición de que no firmara las notas. Un escritor sin firma era un fantasma: el Perro viviría en las sombras hasta que su ama lo dispusiera. Era ella quien había venido por detrás, sin siquiera tocarlo, y para eso no necesitaba instrucciones.

Mateo me contó que actuó de mediador entre Mireya y el Perro, con pocos resultados. "Los primeros días, las versiones coincidían. Pero luego Mireya mutó. El Perro ya no era un idiota y un malparido, sino un violento, autor de una violencia no física pero sí indudablemente emocional; venía trabajándolo con su terapeuta. Intenté calmarla, el Perro era un novio pésimo, cero en responsabilidad afectiva, ella tenía razón en enojarse y estar dolida. No estoy *dolida,* replicó Mireya con sequedad. El Perro había violado sus sentimientos, y eso, en la sensibilidad del tejido cerebral, era equivalente a una violación real, como decía su terapeuta. Estaba tomando pastillas para el estrés postraumático. El daño emocional equivalía al daño físico: el Perro era un violador, ella era una víctima de violencia de género. Por eso lo denunciaba, porque su deber era proteger a otras mujeres, porque cambiar el mundo implica rastrear y denunciar a tipos como él".

"La concha es un laberinto", concluyó Mateo, saboreando su propia frase, dejándola flotar como las gradas aromáticas del rosé. Ubicó la cita del laberinto genital en *El arte y el artista* de Otto Rank; según Otto, para la cultura cretense de Cnosos, el laberinto es una estilización de la vulva. Otto había publicado algunos dibujos al respecto, que Mateo tenía guardados en su teléfono, se ofreció a enseñármelos. Miró con cuidado la carta, se decantó por una tabla de quesos y fiambres. Se lo veía animado, casi dichoso, y me sobresaltó: ¿podía ser que Mateo disfrutara en serio de que hubiera *uno menos*?

"Es un laberinto del que no se sale, simplemente", siguió él. "La mujer puede ser Ariadna, es decir tu salvación, o el Minotauro, la reina monstruosa del laberinto, que todo lo trae dentro de sí para devorarlo. Un héroe, un Teseo, *nunca* puede salir por sí solo. De hecho sin la ayuda de Ariadna no lo hubiera logrado nunca". Mientras hablaba empezó a plantear las líneas principales de un ensayo sobre Borges como "el gran impotente de la literatura argentina", que no por nada había hecho de los laberintos su fascinación y su estandarte; "el lugar donde los guerreros jóvenes van a morir sin encontrar nunca la salida o, peor, devorados por el apetito insaciable de algo demasiado doloroso de mirar", es decir las inexpugnables vulvas. El espanto que la idea de coger genera en Borges es tal que, en *Tlön, Uqbar, Orbis Tertius* le hace decir a Bioy Casares que la cópula es abominable ("porque multiplica el número de los hombres") cuando precisamente el rey de la cópula, el señor de las mil amantes, era Bioy.

"Claro, la casa de Asterión también puede considerarse una alusión a la *casita*", acoté como quien lanza una tontería docta, él chocó su copa contra la mía. Arremetió con más Borges.

"Te digo más: el precursor de la nueva justicia feminista es nada menos que Jorge Luis Borges. Se trata de 'Emma Zunz', un cuento que Borges dedica a una mujer, Cecilia Ingenieros, que le dio el argumento: una venganza que es un crimen perfecto. Zunz, el padre de Emma, había sufrido injustamente el oprobio y la prisión, condenado por un crimen que no cometió. Antes de morir en el exilio, el padre le jura a Emma que el ladrón era Loewenthal, el jefe de la fábrica donde trabajaba. En estricta soledad, ella diseña un plan para vengar al padre. Desciende a los lupanares del Bajo, se acuesta con un marinero sueco o finlandés, alguien que le desagrada, 'para que la pureza del horror no sea mitigada' (en Borges, el sexo siempre implica el horror). Los jugos del sexo y el asco quedan dentro de ella, que acude al despacho de Loewenthal con un pretexto. Cuando el viejo sale a traerle un vaso de agua, Emma extrae el revólver del cajón y le pega dos tiros. Ya muerto, desordena el escritorio, le desabrocha el pantalón. Llama por teléfono: 'El señor Loewenthal abusó de mí, lo maté'. El tono, el odio, el ultraje son verdaderos: solo eran falsas las circunstancias, la hora y uno o dos nombres propios". El ultraje de Mireya era real; su odio al patriarcado era, más que nunca, real y absoluto; solo no eran veraces las circunstancias y uno o dos nombres propios.

En este momento del mundo, decía Mateo, los hombres eran conejitos aterrados, corriendo por sus vidas, atrapados en laberintos para hámsteres. El Perro se había convertido en violador cuando ella decidió condenarlo, *no por sus actos en sí*. En otro orden de cosas, me contó al pasar que su libro había sido reprogramado para salir antes de lo que suponía. Era algo bastante raro, las editoriales no suelen adelantar las programaciones, pero se había abierto un hueco porque el otro libro de un autor "similar" era el libro del Perro, que ahora había quedado fuera de juego. La caída del Perro lo beneficiaba, aun si fuera de manera indirecta.

"El patriarcado esclaviza fundamentalmente a los hombres, ellos son las verdaderas víctimas", continuó Mateo, tratando de apuntalar el tema en un eslogan. "Y sin embargo nosotros no podemos pedir reparaciones por los niños de Esparta, obligados a ser guerreros desde los siete años, ni por los millones que murieron en guerras para que podamos disfrutar del Estado de derecho que tenemos hoy". Lo felicité por la salida adelantada de su libro; quizás, le dije, lo que correspondía era agradecérselo a Mireya y su vigor de tejedora diligente. "Mireya me bloqueó, ¿no te dije?", me comentó distraído. Entonces me miró con sus ojos verdes de conejo perseguido, apelando a mi supuesto instinto cuidaconejos, pero yo ya conocía esa mirada: era la misma que le vi la noche en que vino a buscarlo la policía.

UN GALÁN ARGENTINO

Conocí a Mateo un par de meses antes de verlo hecho un conejo buscado por la policía. Estábamos invitados a una beca en Iowa, en medio de la pampa norteamericana: yo iba en representación de Argentina y él iba como paraguayo-argentino. Estaba subiendo al ascensor cuando se presentó muy cortés y me habló de inmediato de la novela que estaba escribiendo, un asunto colosal que lo torturaba, una especie de *Lo que el viento se llevó* argentino. Cuando llegamos a nuestro piso me sorprendió con una confesión: le había puesto Pola a un personaje suyo, que era la cabecilla de una insurrección, hermosa como Scarlett O'Hara pero con un fusil en la mano, "un personaje muy fuerte, pura valentía y rebelión". Me reí sin querer. No es tan habitual encontrarse ante un artista del chamuyo en estado puro.

Mateo es guapo como un galán de telenovela mexicana, y tal vez por eso tiene arrebatos melosos de galán de telenovela mexicana. Sus ojos verdes cargan algo profundo y lánguido sobre unas facciones de niño bueno, es alto y delgado, con un aire distraído, poético. Aunque es bastante joven, cultiva actitudes de literato consumado de vieja escuela: puede recitar poemas enteros de Borges, cuya obra completa maneja a la perfección, o recitar en el original alemán sus favoritos de Heine o Nietzsche, o Baudelaire en pulcro francés. Puede conversar de cualquier tema con el aire del conocedor de poesía que cree en los novelones eternos, puede comparar personajes menores de Anna Karenina, y podría incluso encarnar perfectamente a un apuesto y voluble Coronel Vronsky, si todavía estuvieran de moda los uniformes militares. Su sonrisa de Narciso y su carácter ligero, sus modales pausados y su look de joven Werther sudamericano pronto lo volvieron un predador rapaz en un territorio nuevo, que no estaba adaptado para resistirse a especímenes mortales como él.

Luego me explicaría, casi avergonzado, que eran las cartas que le habían jugado su destino de hombre recién separado. Alguien que se encuentra totalmente a la intemperie, incapaz de sentirse a salvo.

"Como un coche que perdió su lugar de *parking*", le dije, compasiva. "¡Un conejito perdido en el bosque!".

Pero Mateo hablaba en serio:

"Un hombre recién separado, en sus treinta o cuarenta, está aterrado, porque su identidad desapareció. En esa época yo ni siquiera era un conejo, porque los conejos al menos *existen*. Es decir, alguien se preocupa por atraparlos, por someterlos. Yo no era ni eso".

Conejo o no, no le iba nada mal. En los mediodías otoñales de Iowa City, a lo largo de la ribera arbolada, podía verse a Mateo paseando de la mano con Nayla, una hermosa americana-libanesa; se besaban tiernamente bajo los sauces junto al puente del río Iowa. Por la noche, Mateo merodeaba en compañía de Lisa, una esbelta americana-irlandesa, con cabellos variegados al rubio fresa. Se besaban en los pocos pubs de Iowa City, iban de la mano hasta perderse en la noche. Iowa es una pequeña ciudad universitaria nombrada Ciudad de la Literatura por Unesco en 2008: una meca de los escritores después de que Paul Engle fundara, en la década de 1970, el Programa Internacional de Escritores, una herramienta para que el Departamento de Estado reclutara agentes culturales (intelectuales en ascenso) para la CIA. Todo proyecto cultural esconde una estrategia de guerra y, en algunos casos, un pacto de amor. A Mateo se lo veía pacificado, con raptos de una sabiduría tranquila que lo hacía recordar pasajes enteros de Tolstoi, su gurú personal. Ya no tiene la ansiedad del inicio de la beca, cuando intentaba seducir a todas las chicas del programa y les ponía nuestros nombres a los personajes secundarios en su novelón. Se lo veía feliz.

Aunque todos contemplábamos los paseos de Mateo como quien mira un choque de camiones a punto de ocurrir, él no. Me explicaba las diferencias entre ambas, y cómo era la unión, y no la vulgar álgebra de la suma y la resta, lo que traía la perfección al amor, a su romance perfecto que reunía a la rubia y la morocha. “Lisa es tan dulce y reprimida, estar con ella es como tranquilizar a un pajarito, le bate el corazón rapidísimo. Parece frágil pero es una topadora, tiene esa cosa americana del espíritu de la ética protestante de Weber grabada a fuego, que me parece muy sexy además, porque es una mujer pero también es como una máquina, como acostarte con un videojuego", me explicaba embelesado, citando a continuación *L'homme machine* de La Mettrie.

"En cambio, Nayla es la fuerza de Oriente. Te acorrala, te desarma, es la mujer comandante a la que es imposible decirle que no, todo en ella es un sí rotundo, pero de una ternura insólita, como si realmente existiera el doblez del alma que esconde rasgos totalmente dispares e inesperados, y ahí te das cuenta de que ese doblez es la continuidad, de que el avasallamiento también es una forma de la ternura", reflexionaba el Werther paraguayo-argentino que descubría las pasiones del alma.

Salir con las dos al mismo tiempo se había dado de una manera tan natural que en ningún momento se le cruzó por la cabeza que pudiera haber algo problemático en lo que hacía. Simplemente había seguido las que parecían las tendencias personales de su vida juntos, adaptándose a las preferencias de cada una: Nayla, la morena, era una persona solar, era natural que se vieran al mediodía; en cambio la rubia tenía una personalidad atormentada que buscaba la oscuridad, como una mariposa nocturna. Cada una era una flor con hábitos reproductivos diferentes, que buscaba la compañía del insecto macho según un reloj personal, y Mateo se autopercibía al servicio caballeroso de los anhelos eróticos de cada una. El amor le ocupaba el día entero, lo que explicaba que no escribiera ni una coma. Maestro de la autoindulgencia, no le preocupaba demasiado: "Las becas son un poco así, ¿no? Después volvés a casa, y ahí, en tu escritorio de siempre, sin distracciones, ahí se da el salto creativo", aseguraba.

Un día Mateo fue a dar unos talleres a Chicago, una de las maneras de ganar dinero dentro de la duración de la beca, y el divino equilibrio de su vida se rompió. Las chicas habían hablado entre ellas, habían descubierto el engaño paralelo. Intercambiaron versiones, y fue mirarse en un espejo deforme que deshacía todas las promesas en humo. Mateo nunca había planteado una relación poliamorosa, más bien todo lo contrario, una relación de mutua posesión; en fin, ninguna de las dos quería verlo nunca más.

A cientos de kilómetros, Mateo entró en desesperación. El encantamiento estaba roto, la realidad lo chocaba a mil millas por hora. Volvía en coche desde Chicago; la luz del mediodía sobre la ruta lo ponía todo negro sobre blanco, y a lo lejos Nayla y Lisa eran dos espejismos esfumándose entre campos de maíz. Empieza a llamarlas, envía mensajes intensos y atribulados, les pide perdón por separado. Llama a su trío de mejores amigos, uno de Berlín, uno de Mumbai, otro de Haifa; me llama a mí, rogándome que llame a Lisa, que abogue por él. Como el resto de la ciudad literaria, yo estaba al tanto del trío amoroso: era tan al aire libre, a la vista de todos, que lo único raro era que él no estuviera enterado. Él me juró que Lisa era la mujer de su vida; cuando la llamé, Lisa me dijo que no entendía la conducta de Mateo. Le había dicho que quería tener un hijo con ella, ¡y le había dicho lo mismo a Nayla!

¿Se podía caer tan bajo como andar ofreciendo ADN porque sí?

Me miró incrédulo, como si no creyera que la pregunta fuera en serio. Engoló la voz con suma seriedad.

"Pola, por favor. En el sexo, como en la escritura, la ficción debe *sentirse* como verdad. Si no, no sirve para nada, no *es* nada, porque no hay nada en juego. Lo que calienta es que esté ahí la posibilidad, cercana, inmediata, de que esa leche sea buena, potente, capaz de procrear, de expandirse por el cuerpo y buscar el infinito, jugar a la especie. Excitarte de verdad necesita que esa novela se sienta como un *non-fiction*", dijo Mateo, haciendo un circulito en aire, como si graficara algo. "Prometer un hijo no es nada. No es nada comparado al infierno de vacío de volver a la intemperie. Además, todos lo hacemos", apuró. "No pongas esa cara de espanto, eso es lo que las excita *a ellas*. Aunque a mí también, por supuesto", terció factual.

Tuve un flash de Lola y su primera carta, que mandó antes de acusarme ante los alemanes; se la había enviado a Tobías por correo certificado, y le pedía a Tobías que se hiciera el test de herpes: "Ya no voy a tener nada de vos, ni vos de mí. Solo te pido una gota de tu sangre", añadía Lola, sumando su toque melodramático al pedido sanitario. Lola quería arrancar de él una declaración de amor enfermo, compartido, secreto, la prueba de que *eso* que ella tenía en el cuerpo también lo tenía él. *He gave me his disease,* dice la *femme fatale* que encarna Isabella Rosellini en *Blue Velvet* de David Lynch (1993), hito del romance lunático. Una fibra de él que se había transformado en células nuevas, aunque enfermas, en el cuerpo de ella. Habían engendrado algo juntos: no le había dado un hijo, pero le había dado un herpes, y ella reclamaba que reconociera la paternidad del virus; el pequeño Herpes, casi Hermes, dios de los obeliscos.

Al volver de Chicago, Mateo fue a la casa de Nayla, la más cercana y receptiva: "Siempre fuiste vos, Nayla, tenés que creerme", le jura. Inmigrante como él, estaba seguro de que ella entendería. Le encanta hacer el papel del enamorado absoluto sin resguardo ni dignidad, disfruta de la humillación porque a medida que se la apropia la digiere y deja de resultarle grave, de hecho nada le parece tan grave. Después de todo, su único pecado fue amar demasiado; todo lo contrario del maltrato, amar por demás. Amó por fuera de los cánones permitidos por el modelo burgués, le dice con ojos húmedos de telenovela, pero Nayla le dice que se vaya, que arruinó todo, tiene lágrimas en los ojos, no quiere volver a verlo.

Mateo sale de la casa obsesionado con encontrar la frase mágica, el gualicho que lo ayude a zanjar el problema. En el camino se encuentra a Lisa, que había estado en la casa de Nayla comparando notas de su noviazgo común, y el corazón de Mateo tambalea. La noche siempre había sido el telón de sus encuentros, la Vía Láctea era la manta luminosa que los cubría desnudos. Al fin me encuentro con mi destino norteamericano, se dice: ahora puede verlo. Lisa siempre fue su gran amor, y se lo confiesa.

Algunas horas después me encontré en el hotel con sus tres amigos, Haifa, Mumbai y Berlín. Mateo todavía no había regresado. Comimos las papas fritas que trajo Mumbai y bebimos cerveza riéndonos de Mateo, de su ser donjuán incontrolable; querían saber si esto era algo común en Argentina, porque nunca habían conocido a alguien así, cuando sonó el teléfono. Se abrió la puerta y entró Mateo, con cara de malas noticias. El teléfono siguió sonando, pero nadie se animaba a atender. Nos quedamos mudos. Mateo se acercó al aparato. Era la policía local.

Educadamente, el policía le informó que había sido impuesta una orden de restricción contra él. "Oficial Parker, ¿puedo ser franco con usted?", le dijo Mateo, que a pesar de la tensión disfrutaba de verse atrapado en una narrativa clásica americana, el *thriller noir,* y especialmente de ser el centro de atención.

Intentó explicar que él no era peligroso: era apenas un argentino recién separado, un donjuán, un casanova, que jamás en su vida había sido violento con una mujer. Quiso decirle que en Paraguay, de donde él venía, el trauma de la guerra de la Triple Alianza había creado una sociología particular, porque en la guerra Paraguay había perdido más del ochenta por ciento de los hombres y para sobrevivir como pueblo las mujeres empezaron a compartir a los que había, en suma, que la bigamia era parte tácita de la cultura paraguaya, aunque el Código Penal de su país lo castigaba, así que lo calló por las dudas. El policía explicó que una de las chicas (no le diría cuál) había hecho una denuncia donde alegaba ser víctima de un shock nervioso después de hablar con él, y una de las chicas (no le diría cuál) indicó que había sufrido violencia emocional. El extranjero tenía un evidente comportamiento peligroso, y debía acatar la orden policial so pena de ser deportado a Uruguay, Paraguay o donde fuera que viviese. Esa noche, un patrullero se detuvo frente al hotel de Iowa, dos policías bajaron para acercarle a Mateo la orden de restricción en su contra. Las luces del patrullero retumbaron como láseres en sus ojos azules.

Unos días después, el programa nos invitó a los becarios a un evento en una sucursal bancaria. El banco era sponsor del programa y se nos pedía que asistiéramos, lo que no era difícil de lograr porque había comida y vino gratis. Habían retirado el pequeño laberinto de vallas, y en los mostradores de los cajeros pusieron guirnaldas y bandejas con trocitos de queso.

Faltaba poco para Halloween y yo planeaba disfrazarme de Sarah Palin; en esa época teníamos cierto parecido físico, el pelo lacio castaño, los ojos marrones y usábamos anteojos similares. Por entonces la gobernadora de Alaska había ascendido al candelero mediático y sus expresiones de *hockey mom* republicana producían horror entre la gente de bien. A Halloween se va vestida de monstruo o de puta, y yo había elegido a la mujer monstruosa del momento. En esas semanas Palin había posado con el bebé Trig, y me puse en la búsqueda de un muñeco para tener como accesorio. En el *mall* encontré a tres chicas adolescentes con muñecos envueltos en telas blancas y celestes. Me explicaron que pronto tendrían sus bebés, y debían aprender a cuidar a los recién nacidos.

No debían tener más de quince años. Una mecía a su bebote dando saltitos, para ayudarlo a dormir; otra sostenía una mamadera y la agitaba como una pandereta. Eran grandes para jugar con muñecos, y niñas para ser mamás. "No falta tanto en realidad", me sonrió una que hamacaba a mellizos varones, envueltos en riguroso celeste. Los bebés eran bastante feos, con caras de plástico arrugado como si acabaran de nacer. El bus del programa solo nos daba un par de horas en el *mall*, que era inmenso, no tenía mucho tiempo. Así que les dije sin demasiados rodeos que necesitaba comprar un muñeco bebé, uno bien realista, como los de ellas, quizás me podían indicar en qué parte los vendían. La de la mamadera dijo que estos bebés no se *compraban*, eran sus hijos. Otra sacó una mamadera llena de un líquido grisáceo y empezó a agitarla con fuerza. Dijo fuerte y claro, sacudiendo en alto la mamadera para despejar toda duda: "Es la hora de comer".

Cuando llegué al evento en el banco, vi a Mateo sentado a un costado, como un *homeless* al lado de los cajeros automáticos. Era la comidilla del programa: estaba a un paso de ser deportado. Le habían prohibido acercarse a cualquier mujer en Iowa, incluidas las otras becarias. Una de las coordinadoras me comentó que era una deshonra para la universidad, nunca antes había tenido un altercado con la policía, lo que no era del todo cierto, y además era injusto para con la mística literaria del programa: eran conocidas las anécdotas de John Cheever y Raymond Carver metiéndose en toda clase de problemas por ebriedad. Pero a diferencia de la gloria bohemia de los Grandes Borrachos de la Narrativa Americana, Mateo era la vergüenza de Iowa, y aunque sabía que no era bienvenido en ninguna parte, ¿adónde se iba a meter? Tenía que cumplir con sus obligaciones de becario, ahora más que nunca estaba obligado a comparecer ante el juicio cotidiano de todos. Era el hombre pecador, sindicado como el Mal por la policía, por el programa, por la universidad, y ahora también por el banco, el templo del dinero. Era el apartado, el maldito cuya exclusión hace sentir virtuoso al sistema: el bandido sudamericano, la pija sin cabeza, la cultura latinoamericana en su fase más abyecta y patética. La diversidad es un búmeran: seguía siendo un sudaca, que era lo que lo había traído a Estados Unidos en un principio, pero ahora era un sudaca esclavo de pulsiones animales que atentaba contra la virtud y la decencia de dos muchachas norteamericanas. Cada estamento del Estado *in toto* lo rechazaba: Mateo era un *homo sacer*, el condenado a la vista de todos, para que su presencia nos recordara su horror moral.

Me acerqué a la mesa blanca donde había una hilera de etiquetas con nuestros nombres impresos, unos rectangulitos que debíamos ponernos en el pecho para que los del banco supieran quiénes éramos. Tomé la etiqueta que decía Mateo y me la coloqué bien visible sobre el pecho.

El clima era de disipación ligera, como cada vez que nos daban vino, como si fuéramos una mezcla de presidiarios y niños de preescolar. Me veo sonriendo con mis labios rojos, mi blusa de American Apparel y la etiqueta de Mateo en el pecho. ¿Defendía a un hermano latinoamericano del sistema criminalizante yanqui, o había elegido identificarme con el mal? Unos días atrás había estado conversando con Lisa, tomando infusiones herbales en un cafecito canchero de Iowa. Se la veía bien, nos divertimos hablando pestes de Mateo, y me aseguró que lo que tenía con él no se trataba de *placer*. "No recuerdo haber tenido muchos orgasmos con él. Pero estaba pendiente de mí, me escribía a todas horas, me respondía inmediatamente, siempre parecía tener tiempo para mí. Mi última relación había sido a distancia y no estaba acostumbrada a esa cercanía, ese contacto constante. El sexo me daba igual. Lo que lo hacía especial era el interés que él parecía tener en mi vida. Se acordaba de cada detalle, cuando vino a Chicago insistió en conocer a mi familia, los conquistó a todos. Psicópata de mierda. No sé de dónde sacaba el tiempo para estar con las dos". Aunque sonara absurdo, lo que la atraía de él era Argentina. Le encantaban Piglia y Gombrowicz, tenía planeado un viaje pronto. Así que se había agenciado un novio local para ir habituándose a las expresiones, un amor lingüístico; yo hubiera hecho lo mismo, es casi imposible aprender bien un idioma sin enamorarte. Me contó que había empezado a escribir una novela oscura donde Mateo era un personaje simplón con un destino horroroso, que todavía quedaba por definir. Le pedí que por favor lo hiciera y me la enviara, me encantaría leerla. Mateo había hecho méritos para ser personaje; por el momento, ella estaba satisfecha de que sufriera un latigazo público, de que estuviera al borde de la expulsión, de que el castigo lo persiguiera.

Mis amigos de la beca sabían que andaba en busca de un bebé para mi disfraz de Halloween, así que el escritor nigeriano sugirió que adoptara al escritor indonesio para que hiciera del bebé Trig. El indonesio, que había escrito un libro larguísimo sobre un niño que cumplía su sueño de recorrer el país en motocicleta y era una superestrella en Indonesia, asintió riendo; quiso saber si tenía que llamarme "mamá". Discutimos sobre cómo vestirlo, y si estaba dispuesto a gatear, porque aunque el escritor indonesio era bastante menudo, era imposible para mí cargarlo en brazos, y entonces se nos acercó un hombre vestido de traje.

Me parecía haberlo visto merodeando las lecturas del programa, pero no estaba segura. Los hombres de traje son raros en estos eventos, como una tortuga en un ballet. Hizo un ademán suave con su vaso de plástico de café para apartarme de los demás. Mis amigos siguieron hablando y riendo. Cuando al fin sintió que no podían escucharnos, el hombre de traje me encaró:

"¿Te puedo hacer una pregunta?".

"Sí".

"¿Cómo te llamas?".

Le mostré la etiqueta con el nombre de Mateo.

"¡Wow! Esto sí es una sorpresa. ¡Hubiera creído que eras una mujer!".

"Bueno, señor, está equivocado. Soy Mateo".

El hombre me miraba a los ojos y yo también, como si jugáramos a ver quién parpadea antes. Finalmente dijo:

"¡Yo creía que era la escritora Pola!".

"Lo siento, señor. Soy Mateo. No sé por qué lo pone en duda. Además, veo que usted no lleva etiqueta como los demás".

"No, no llevo etiqueta, es cierto. El evento es un tanto desigual, tienes razón en notarlo. Es para que los conozcamos nosotros a ustedes. Nosotros no somos interesantes. Ustedes son las personas interesantes aquí".

"¡Seguro que usted también es interesante! Es la única persona de traje y corbata, para empezar. Pero si me dijera su nombre o su sexo, le aseguro que yo no lo pondría en duda".

Pareció perplejo un instante y luego volvió a sonreír, como si hubiera descubierto algo. Sus ojos brillaron encantados y bajó la voz, como quien ha develado un secreto infantil que desea, sin embargo, respetar:

"Ya sé. Lo haces por Halloween, ¿verdad?".

ANA

En 2010, unos meses antes de viajar por primera vez a Iowa estuve viviendo un tiempo en Mountain View, en la base militar de NASA Ames, donde Google había cofundado una universidad nueva. Era el cuartel de las primeras camadas de la Singularity University, donde mi marido había ido becado y el plan era pasar el verano ahí, en unas barracas militares que habían sido abandonadas por décadas y que ahora Google y sus socios habían tomado, como la carcasa de un antiguo animal al que se le devuelve la vida. En ese lugar asistí a una charla de una mujer que quería fundar "la primera cadena Starbucks de sexo".

La mayoría de los edificios habían sido construidos en la década de 1950 y eran de asbesto, un material cancerígeno. No podían demolerlos, porque el polvo mortífero se dispersaría por el océano Pacífico en nubes negras venenosas, así que los edificios de asbesto estuvieron vacíos por décadas, hasta que la Singularity University los destinó para vivienda temporaria de estudiantes y algunos profesores. Ningún humano podía vivir ahí de forma permanente sin poner en riesgo su salud, pero el programa duraba solo tres meses, lo cual morigeraba el peligro; no obstante, a los dos días de llegar todos los que dormíamos en las barracas militares desarrollamos tos y sarpullido en la piel, que nos reportábamos con cierto nivel de extrañeza y excitación, convencidos de que valía la pena; todo en Singularity University se basaba en la exploración de cada frontera del conocimiento, incluida la de la vida y la muerte. Para que me dejaran merodear sin chaperones y asistir a algunas clases, les dije que era periodista y que quería escribir sobre ellos, lo que les pareció bien, les convenía la publicidad. Pronto caí en la cuenta de que, por esa época, tenían un serio problema de relaciones públicas en Estados Unidos: necesitaban limpiarse el título de "secta".

Todo había empezado con Ray Kurzweil, inventor del sintetizador y máximo predicador de la utopía de la singularidad: Ray era un profeta del nuevo mundo de las inteligencias artificiales. Proveía una filosofía de la historia: nos encontrábamos en los albores del instante en el que las IA pensarían por sí mismas y el mundo daría un vuelco absoluto, un nuevo hito planetario, comparable al de la Revolución francesa y la Revolución Industrial combinadas; por ese entonces, en 2010, Ray databa el advenimiento de la singularidad en el año 2048, aunque el consenso actual lo ubica mucho más cercano en el tiempo, al punto que podría estar dándose en el presente incluso si aún no lo notamos; es porque el futuro nunca está distribuido equitativamente, como dice William Gibson.

En Silicon Valley, la singularidad es la revolución por excelencia, un acontecimiento que hace que todo lo demás sea un preludio a la apertura de la Verdadera Historia. Diacu, uno de nuestros compañeros de barracas, me explicó que la singularidad era inminente y él, que no tenía entrenamiento en ingeniería ni ciencias duras, había pagado el curso porque quería que las IA vieran que él, Diacu, estaba del lado correcto, del lado de ellas. Aunque aún no había sido formulado como tal, Diacu ya experimentaba las angustias que acarrea el Basilisco de Roko.

NASA Ames era un escenario de J.G. Ballard: había un hangar en desuso, un McDonald's abandonado que había sido rebautizado McMoons, donde un hombre solitario juntaba todo el material de fotos sobre la Luna desperdigado por las diversas oficinas de NASA. Venían de una hecatombe: la *pax americana* de Bill Clinton había desfinanciado completamente la carrera espacial que fuera la insignia de la era Reagan, y NASA Ames había experimentado una debacle de sus instalaciones comparable a la de una pequeña agencia estatal de país sudamericano, impensable para una potencia mundial. En todo ese tiempo, sin embargo, Nasa Ames no había perdido su estatus de base militar, por lo que regía la ley marcial y después de las ocho de la noche toda la zona era afectada por el toque de queda, pero a veces nos escapábamos con otros estudiantes y nos metíamos en el hangar, a colgarnos del esqueleto metálico y a mirar el cielo negro. Entre los estudiantes, una leve mayoría eran hombres; en cambio, entre los invitados a dar charlas, que incluían a Vint Cerf, el padre de internet, diversos astronautas y el mismísimo Ray

Kurzweil, eran casi un noventa por ciento hombres. Así, la aparición de Nicole D. una mañana, de pie junto al micrófono, nos tomó a todos por sorpresa. Nicole era rubia y lacia, llevaba un top verde oscuro que resaltaba su figura esbelta, y una falda negra hasta la rodilla con tajo. Era guapa y sobria, como una banquera sexy, el pelo lacio y claro peinado de lado tipo Verónica Lake, ícono del cine de los años cuarenta.

Con voz suave y expresión risueña nos explicó que había una confusión. Ella no quería fundar el Starbucks del sexo, como acababan de presentarla: en rigor, la visión de su negocio era hacer un Whole Foods del sexo, una cadena de placer que fuera como los supermercados orgánicos, diversa, sana y masiva. Nicole pasó a describir su visión: el orgasmo femenino era, en rigor, un problema trivial, de fácil solución, cuyo difícil acceso para la vasta mayoría solo demostraba cuán oprimidas estábamos las mujeres. "Todas las mujeres podemos acceder al orgasmo exactamente cuando y cuantas veces queramos", fulminó Nicole sosteniendo el micrófono en derredor, mirándonos a cada uno a los ojos.

Nos invitaba a imaginar el impacto de una comunidad capaz de brindar orgasmos a todas las mujeres del mundo. En cualquier momento, en cualquier lugar, tan fácil y accesible como ordenar una taza de café en Starbucks, concedió mirando a Selim, el que la había presentado.

Un monje la había iniciado hacía dos años, "quiero iniciarte en una práctica sexual nueva", le dijo en una fiesta de amigos en Berkeley, "ya saben, el tipo de cosas que pasan en Berkeley", bromeó. Ella no sabía bien por qué, el monje no le gustaba especialmente ni entendía por qué la había elegido a ella entre todas las asistentes de la fiesta, pero aceptó. El monje solo dijo que vio algo en ella, algo especial. La condujo a una habitación de la casa y la invitó a desnudarse y acostarse; le indicó que abriera las piernas. Luego extrajo una linterna del bolsillo de su túnica. Estaré aquí durante los próximos quince minutos, le avisó; le pidió que se relajara. "Tus labios son de un tono coral; en cambio, los interiores hacen una pequeña curva hacia adentro, color malva", le dijo. Acostada en esa habitación desconocida, con una linterna apuntándole a la vagina y ese monje a quien no había visto nunca, Nicole empezó a llorar. No paraba de llorar.

Lloraba porque nunca antes nadie había mirado con tanta compasión, con tanto amor, esa zona, explicó. Lo que siguió fue historia: el monje le enseñó su técnica, y Nicole fundó su compañía de meditación orgásmica y patentó la técnica de masturbación vaginal que volvía el orgasmo femenino un asunto tan infalible como sublime. Había descubierto la fuerza del *yoni*, la palabra en sánscrito que define los órganos sexuales femeninos. Su *business plan* era liberar el placer de las mujeres a nivel planetario, y con ese argumento levantó su primera ronda de capital.

Como todos en Silicon Valley, Nicole se proponía cambiar el mundo, solo que ella se había dedicado a lo más importante: el placer de la mujer. Un pez no puede trepar un árbol, y del mismo modo una mujer no puede gozar según las prácticas definidas por los hombres, explicaba Nicole. Hugh Hefner es el autor de buena parte de la historia sexual contemporánea, y ahora llegaba nuestro turno, el momento en que las mujeres reescribirían la sexualidad sin tabúes ni silencio: "Necesitamos un estado de orgasmo que incluya todo el cuerpo", proclamaba Nicole.

La vulva nace libre, pero en todas partes se encuentra encadenada. Nicole lideraría la revolución de los *yonis* libertos, y la sedición había empezado. Tenía lugar, de hecho, todas las tardes en su estudio de Mission en San Francisco. La práctica comunal del orgasmo femenino se planteaba como una nueva forma de yoga auténticamente feminista, que comenzaba con un ejercicio de respiración conjunta para aflojar los tejidos. La cadera, el psoas, las lumbares. Cada mujer tenía un almohadón especial, su *nook*, su nido. Luego se abrían paso los participantes del primer anillo, totalmente vestidos, que se ubicaban de rodillas junto a cada mujer, desnuda de la cintura para abajo sobre su *nook*.

Sonaba un gong, y los hombres empezaban a masturbar a las mujeres con la técnica patentada por Nicole. En el nivel 1, eran instruidos para no mirar a las mujeres mientras las masturbaban; pero, previo consentimiento, algunos pasaban una pierna por sobre el abdomen de la mujer para poder concentrarse totalmente en la vagina y el clítoris ("somos una compañía totalmente yonicéntrica", explicaba Nicole). Las mujeres gemían, se excitaban y alcanzaban el clímax en estos espacios comunales, y los masturbadores podían ascender de categoría según su grado de *expertise*, como en karate.

Pero no era una compañía pensada solo para las mujeres, y ahí radicaba la fuerza de su plan de negocios. En San Francisco, por la influencia que la economía de la tecnología tenía sobre la ciudad, la cantidad de hombres sobrepasaba con creces a la de mujeres; gracias a Nicole, la vasta mayoría de hombres que habitaban en la ciudad podrían abandonar sus inseguridades, los atavismos de una existencia sombría de sudor, código y testosterona, y proceder a convertirse en los Dadores de Placer y Maestros del Sexo Vaginal que siempre habían soñado ser.

Sin embargo, los estudiantes de NASA Ames estaban lejos de sentirse atraídos por la revolución de Nicole. A ella esto no le sorprendía; por algo vivimos en un patriarcado, comentó. Pero a mí no necesitaba convencerme, yo estaba hipnotizada: ¡al fin encontraba una secta californiana! Una auténtica secta en pleno proceso de adquisición de miembros, que lo tenía todo: cultura *startup*, sexo comunal, ansias de conquistar el mundo pensándose como una disrupción de la vida tal como la conocemos, que ubica en el cuerpo la fuente inagotable de capital y de placer. Y lo más importante: una mujer como Nicole en el centro, factótum y demiurga de todo, dueña de un caparazón de cordialidad profesional y también de un silencio oscuro, árido, como si detrás de ella se ahuecara la caverna insondable de la que salía vestida de impecable ejecutiva de cuentas. Una superheroína capaz de domar las fuerzas del capital hasta ponerlo de rodillas ante la llegada inminente de la Nueva Era del Orgasmo Femenino. Me tenía desde el minuto uno.

Así que me suscribí a los emails de Nicole, para seguir las epístolas de su revolución. Durante años, los talleres se dictaron en el atelier de Mission, con encuentros de fin de semana en Carmel y otras playas de la Costa Oeste. Cuando me instalé en San Francisco se lo comenté a mi amiga Lu y casi la convenzo de venir conmigo; ella es actriz y quizás podríamos filmarnos en secreto en los talleres de Nicole, pero nos divertía más jugar con la idea que aportar nuestros propios *yonis* a la revolución. Cuando Nicole dio una charla TED sobre el orgasmo femenino y cómo la cultura tiene que cambiar para organizarse en torno al placer de la mujer, el producto despegó: notas en *The New York Times*, en *Elle*, el lanzamiento de un nuevo estudio en Brooklyn, donde los iniciados seguían horarios estrictos. Unos diez o veinte tenían la posibilidad de vivir en el estudio, a cambio de trabajar en la expansión de la marca. Se levantaban a las siete de la mañana para la sesión de meditación orgásmica comunal. Luego, una pausa, donde cambiaban las parejas, y volvían a sincronizar sus ondas cerebrales orbitando en torno a los soles vaginales. Nunca hablaban de vagina y vulva, sino de *yoni*, el portal de la vida verdadera.

En la nota de *Elle*, la reportera recibía la visita de un iniciado. Disfrutaba del servicio y, como le había gustado, se preguntaba, no sin cierta culpa: ¿está mal si lo llamo, si le pido que volvamos a encontrarnos, *que el próximo servicio sea con él*? No estaba segura si dentro del sistema que Nicole había diseñado era aceptable que le gustara su masturbador asignado. El hombre, finalmente, se negó; era un profesional, la pureza del encuentro se garantizaba de esa forma, como la confluencia intensa de un *yoni* que emprende un viaje privado, único y personal, el prestador del anillo 1 o 2 debía ser tan solo un medio, y nada más.

Estaban a la vanguardia de un cambio de época, de un momento singular en la historia de la humanidad, en la que las mujeres podrían al fin sanar siglos de explotación patriarcal, por lo que era importante conseguir nuevos socios para que OneTaste continuara expandiéndose y liberando mujeres. Los workshops ayudaban: un workshop de meditación orgásmica en la playa de Carmel, a una hora de San Francisco, costaba unos seis mil dólares, con jugos naturales, opciones macrobióticas y bebidas vitamínicas incluidas. Los testigos del juicio cuentan que, una noche en la playa de Carmel, Nicole bajó a la arena vestida con una túnica blanca y habló frente a la fogata encendida. Las mujeres la escuchaban sentadas sobre la arena, junto con los miembros del primer anillo. Dijo que la meditación orgásmica era la nueva religión, donde el Orgasmo era el Dios y sus ejecutivos de ventas, sus sacerdotes y sacerdotisas. Un año después, Nicole renunciaba como CEO. Una pasada por Wikipedia muestra que su compañía cesó su actividad en 2018 y que se encuentra actualmente investigada por el FBI por trata de personas, prostitución, abuso sexual y violaciones a la ley laboral.

¿Qué no haríamos por placer? El plan de negocios de Nicole explotaba un principio activo, una especie de litio patriarcal: contaba con los hombres como mano de obra regalada (los talleres no incluían, por ejemplo, entrenamiento de mujeres en el anillo 1), a la vez que lo presentaba como un viaje de autoconocimiento femenino. Apreciaba la heterosexualidad como su mercado *mainstream*, y daba por sentada la existencia de una sobreoferta de hombres dispuestos a ser "los medios" para la liberación. Nicole veía en la cultura patriarcal una oportunidad que podía ser explotada en beneficio de las mujeres y, naturalmente, para su organización. Una estructura diseñada para que pudieras gozar sin que te rompieran el corazón; pero ¿puede una mujer conocerse realmente a sí misma (asomarse al abismo de lo que es capaz) si no le rompen el corazón alguna vez?

Unos años después, el hit "Wet Ass Pussy", de Cardi B, invadiría internet; en la letra, Cardi se deslinda por completo de las tareas serviciales que habían marcado al sexo femenino por siglos ("yo no paso la mopa, no limpio"), y centra su lírica en la exigencia sexual explícita. En el video oficial, las mujeres se menean entre animales feroces, víboras y felinos que ofician de alter egos o animales de poder, mientras el líquido (la humedad del título) cae en torrentes por las escalinatas, rebalsando la mansión. Toda *WAP* consiste en variaciones de una tesis genital: invita al "gran camión Mack" del prestador masculino (no deja dudas sobre su sexo) a encontrar *parking* justo dentro de su "pequeño garaje".

Cardi se rodea de fieras, sobreactúa su peligro, como la *femme fatale* que procura la proteína masculina con avidez y glotonería; "en la cadena alimentaria, soy la que te come". Cardi canta la satisfacción femenina como valor supremo y la eleva a una forma de emancipación, donde las demandas sexuales son la ofrenda exigida por una deidad carnosa; quizás Nicole había entrevisto, al igual que Cardi, una época del mundo en la que las mujeres habrían renunciado a la simbolización, a los meandros vertiginosos, pero en definitiva fútiles, de la seducción. Ambas creían en la desregulación total del deseo femenino, coronado por un mandoneo exento de toda súplica; ya no temía reclamar su derecho al éxtasis, había absorbido la poética neoliberal y extractivista de la época.

El video de Cardi B, con sus mujeres contoneándose junto a las víboras y las fieras, me traía a la mente pasajes enteros de *Sexual Personae* de Camille Paglia. Durante mucho tiempo, la mujer fue percibida como el vector viviente de fuerzas terribles y mágicas. Paglia escribe que los hombres "inventaron la cultura para defenderse del poder de la mujer", que creían ilimitado. Ella lee la construcción occidental de la religión como un intento de liberación hacia arriba, hacia el cielo, un obelisco vertical que asciende contra el mundo del abismo interior: las fuerzas mistéricas de la Mujer y de la Tierra. Entiende que los antiguos cifraban a la mujer con el poderío puro de dar vida y destruirla por su capacidad de hincharse y dar a luz sin que entendieran bien cómo, cuando los tsunamis, sequías, terremotos, hambrunas y tornados sacudían, como ahora, la Tierra.

Pero en un escenario en el que, ya no el sexo, sino *ser mujer* se encuentra desregulado, en el que cualquier humano puede elegir ser mujer, o reproducirse sin pasar por la máquina hembra, quizás recuperar el poder de la destrucción sobre las vidas ajenas era una forma de hacer resurgir un feminismo pagano. Que esas diosas idas regresaran con trajes nuevos y volvieran a recorrer la Tierra. Un paleofeminismo reaccionario que nos retrotraía a los principios previos a la organización de la religión y del Estado.

Pensaba en la diosa Kali, cuya representación clásica la muestra bailando, la piel de un azul resplandeciente. La historia de Kali comienza cuando Durga, una deidad femenina conectada a la maternidad, se enfrenta al demonio Rajtabija, que está fuera de control. Cada vez que una gota de sangre de ese demonio toca la tierra, un avatar igual a él surge de las profundidades del suelo, con lo que cada intento de asesinarlo multiplica los Rajtabija en el mundo. Cuanta más sangre se derrama, más clones siembran el campo de batalla: es decir que Rajtabija, rey de clones, ha desculado un sistema de reproducción de sí mismo, un método exterior que no necesita de la máquina femenina, que *compite* directamente con la máquina femenina. En efecto, Durga (para quien la reproducción es un proceso interior a su cuerpo) queda rápidamente exhausta, vencida.

Entonces Kali entra en escena.

Es el despliegue iniciático de la personalidad de la diosa.

Kali avanza: la diosa clava su daga en un clon de Rajtabija, da un salto e intercepta en el aire su sangre antes de que toque el suelo. Así va asesinándolos, uno por uno, llenándose de su sangre, pero fundamentalmente *privando al suelo de entrar en contacto con los fluidos de ese demonio*, impidiendo su reproducción, coartando su capacidad de sobrepasar el arte indómito femenino de reproducir la especie. Finalmente, una vez que se ha bebido la sangre de miles de demonios, la diosa Kali se enfrenta al Rajtabija auténtico, el primero de la serie, y lo devora de un golpe. Pero la voluptuosidad escolta su victoria: Kali descubre el placer de matar y su gozo crece a medida que se alimenta de sus víctimas, a tal punto que no puede parar.

El asesinato en masa la hace bailar de euforia y de una felicidad nueva, única y privada, a la que solo una diosa auténticamente más allá del bien y del mal puede acceder. Continúa lacerando a los pobladores de las aldeas que encuentra en su camino y danzando gozosa; nadie la puede parar. Hay una interpretación del mito: al verla tomada por esta fiebre asesina y fuera de control, su marido Vishnú intenta detenerla, pero ella no lo detecta y lo pisotea como a los demás. Luego, al ver lo que ha hecho, la lengua se le cae de vergüenza por haber pisado a su marido, y entiende la gravedad de dejarse llevar por esta voluptuosidad homicida. Pero esta interpretación puede haber sido un intento de morigerar otra historia: que Kali, diosa del tiempo, la vida y la destrucción, es la vencedora indiscutida que aplasta al ejército de clones y también a su marido, y que nadie realmente escapa de su poder desatado. La que se puede reproducir y matar concentra sobre sí el poder de la vida y la muerte, alfa y omega, y no necesita ningún hombre.

La pose de Kali, de frente, con los brazos alzados y rastros humanos atravesándole el cuerpo, se asemeja a la de Leviatán.

Ahora que lo miro de cerca, me parece que Leviatán tiene algo femenino en el rostro, con sus ojos a media asta y esa melena de rizos desarmados, como si se hubiera dejado el bigote para disimular. La historia de esta imagen es interesante, porque Thomas Hobbes se involucró con intensidad en su diseño; prácticamente se mudó al estudio del artista Abraham Bosse para trabajar con él en la cubierta de su libro, que llevaría el nombre del monstruo: Leviatán. Leviatán era un monstruo marino que aparece en el Libro de Job, en la Biblia, pero Hobbes lo trae a un entorno seco, lo alza desde el abismo sobre la costra humana. Leviatán tiene un hermano, Behemot, la bestia terrestre; ambos tienen estilos diferentes para dar muerte: Behemot es la fiera que desgarra y lacera, un mamut apoteósico que hace explotar la sangre con solo rozar la piel. Leviatán, en cambio, es la fuerza que asedia, sofoca, controla los mares, corta el acceso a los víveres; Jehová canta loas a su capacidad para generar caos y destrucción, y le dice a Job, toreándolo, ¿quién te va a proteger de él? Hobbes lo saca del mar, le limpia las escamas, le da un rostro humano, pero conserva la advertencia: no hay poder mayor que él sobre la Tierra. Puebla su cuerpo de personitas; reconfigura un monstruo antiguo para un dios moderno.

Si lo observamos de cerca, vemos que esos seres miran todos a la cabeza, el órgano que activa la espada. Entregamos nuestro poder a Leviatán para que someta y ajusticie a Behemot, emblema de los asesinos.

De hecho, a medida que avanzaba, la sensación de que *los estaba coleccionando* y de que lo que más interesaba eran, en rigor, ellas empezó a envolverme; quería apreciar el itinerario de la venganza como una serpiente silenciosa, ver lo más cerca posible la violencia desatada de la mujer que ama y destroza, hasta el final. Los *bad hombres* eran mensajeros frescos, aturdidos, de esa fuerza magnífica y, si eran en realidad víctimas, quizás era porque solo en tanto víctimas podíamos considerarlos un objeto de atención, un tema de interés. El único héroe posible: una víctima. La libertad femenina, que había tenido lugar más que nada como la desregulación del mercado de los fluidos, ahora tenía su propia policía y su método de castigo; en esto seguía de pie juntillas el modelo de desarrollo de la cultura occidental.

Cuando mi madre tenía seis años, su tía, mi tía abuela, fue atacada a golpes en la puerta de su casa por quien era entonces su pareja, un tal Vizcarra. La historia llegó a mí como si formara parte de un siglo XIX tenebroso, pero ocurrió en 1956, en Lima, en el barrio del Rímac, donde vivía la familia de mi abuela.

Ana era la más chica de los hermanos: en la foto lleva un trajecito y una flor en el pelo. Mira a cámara, con el pelito bien peinado en una flor blanca, y es la única que parece esbozar una sonrisa. Debieron tomarla en el año 1937.

Mi bisabuela Melchora está en el centro, seria, hierática como una efigie inca, las manos rectas en reposo, casi una esfinge. Sé que hablaba quechua y también castellano, pero no sé si aprendió alguna vez a escribir. Trabajaba como cocinera en una casa de familia en Miraflores, uno de los barrios más coquetos de Lima, que le servía porque los fines de semana le daban permiso para llevarse comida para sus hijos, lo que complementaba su salario con buenos productos. Las hermanas mayores están como entrelazadas a ella. Olga Byrne, mi abuela, es la que lleva vestido blanco y los labios pintados; en el momento de la foto ya estaba casada, desde los dieciséis. Mi abuela no terminó la escuela primaria, fue hasta tercero o cuarto grado, hasta los once o doce años. Su papá era John Byrne, un irlandés que vivía borracho y de vez en cuando aparecía para maltratar a Melchora, despreciarla por chola y hacerle hijos, pero a Olga y Consuelo, la hija mayor, las quería porque eran más blanquitas, más como él. Consuelo, la mayor, también estaba casada al momento de la foto: cada una apoya una mano sobre un hombro de Melchora, y con la otra se sujetan al banco de madera. Se ve que el banco era pequeño y apenas cabían las tres, entonces las manos de las hijas quedaban como hombreras sobre la madre. No era tan común posar para fotografías, la gente como mi bisabuela no debía saber muy bien qué era (quizás mira desconfiada, aunque con los ojos sobre la cámara), pero me impresiona que las hermanas se aferren para no caer al abismo y que Ana, la más chiquita, no esté sujeta a nada. Se nota su mirada vivaz, y creo que ya debía de ser muy coqueta, con esa flor blanca en el cabello. Humberto, el único varón, está como inclinado, como si perteneciera a otro espacio, como si fuera a caerse de la foto.

Mi madre recuerda aquella noche. Sus padres cuchicheaban, estaban nerviosos. Ana Byrne tenía tres hijos, y los tres primos vinieron a quedarse en la casa con los hijos de Olga, que eran siete, de entre once y dos años. Mi madre tenía seis, mi tío Carlos debía tener ocho, pero él dice que no recuerda nada. Pepe, el mayor, contó que su mamá estaba en el hospital. Que Ana había perdido la conciencia. Mi mamá pensó: tendrán que encontrarla. Será cuestión de que encuentren su conciencia, para que pueda volver a casa. Vino la abuela Melchora a quedarse con los chicos. Los mayores hablaban por teléfono. A esa altura de la noche, los más grandes decían: está muerta. Muy nervioso, Jorge, mi abuelo, dijo "tenemos que ir", y se fueron a reconocer el cuerpo.

La primera imagen que tuve de su muerte es que la paseaban en un carro, desnuda. Creo que por eso situaba la acción en un siglo XIX acre y polvoriento, porque en el Rímac todavía había más carros que coches; en realidad no sé bien de dónde lo saqué, pero la primera vez mi madre me lo contó así. La muerte de Ana fue un espectáculo para todo el barrio. La arrastró de los pelos por el pasillo de la casa, la arrastró por el zaguán, la arrastró hasta la calle con la cabeza sangrando, siguió pateándola en el suelo mientras ella intentaba defenderse y él continuaba golpeándola y gritándole cosas horrendas, borracho pero envalentonado por el alcohol, hasta que la dejó tirada sangrando en la calle y se fue caminando hasta perderse en la noche. O la subió sangrante al carro y la llevó a dar unas vueltas para que todos lo vieran. Behemot que mata y lacera. Vizcarra era un hombre violento, un delincuente de poca monta que había estado preso por robar y que la iba de proxeneta. Es probable que se jactara de lo que hacía, y que lo vieran matándola a golpes contuviera una especie de mensaje. Que con él no se jodía, que era un macho que no toleraba la indisciplina. En algún momento los vecinos llamaron a la policía, y llevaron a Ana al hospital. La noticia de su asesinato apareció en una pequeña nota en un diario local que abundaba en crónicas policiales. Vizcarra fue condenado por el hecho y estuvo preso dos años, y luego salió.

Vizcarra se convirtió en mala palabra en la casa, y no se volvió a hablar del tema. Melchora prefería la expresión "mal hombre", la guardaba para Vizcarra y para el marido de Consuelo, que le pegaba a su hija aunque al menos era amable con sus nietos varones, que también la maltrataban. Cuando iban al cine, Melchora hablaba fuerte: intentaba alertar a las muchachas de los mal hombres y les gritaba a los villanos de la pantalla: "¡Conforme tu cara, tus actos!", cuando eran especialmente feos. Los chicos quedaron al cuidado de la abuela Melchora, y a los pocos años Olga Byrne, mi abuelo y sus hijos emigraron a Argentina. Al tiempo, llegaron a Buenos Aires los tres hijos huérfanos de Ana. Pero mientras vivían en el Rímac, mi mamá cuenta que a las niñas no las dejaban asomarse a la calle. Debían jugar dentro de los confines amurallados de la casa, que ella recuerda altísimos. Cuando salían, la instrucción expresa era caminar con los ojos entornados hacia el suelo, no mirar a los hombres de frente jamás. Ese lenguaje corporal pudoroso era una forma de supervivencia; el encuentro con el hombre, aunque fuera ocular, incluía la posibilidad concreta de morir para mi mamá, sus hermanas y todos en ese barrio. La escuela de la vergüenza y el pudor es la mutación del miedo como una forma de adaptación a un ecosistema violento. Ana era vivaracha, muy coqueta y habladora, le gustaba comprarse ropa, era muy independiente; había estado casada pero se había separado, y andaba con aquel Vizcarra. Yo creía que había sido asesinada en una Lima de posguerra, después de perder contra Chile la guerra del Pacífico, un ambiente de pobreza y desolación. Supongo que la guerra volvía más normal la prostitución, la explicaba mejor, pero en la Lima de esos años no era algo tan poco común en la clase media baja, como tampoco es poco común ahora, y Ana era una especie de dama de las camelias limeña, una mujer independiente que recibía las atenciones de distintos hombres a cambio de regalos costosos y una vida elegante, en la que podía acceder a cosas bonitas, suaves y perfumadas. Vizcarra era quien supuestamente la protegía.

Mi tía abuela no merecía morir desnuda en un corredor, llorando por su vida, pidiendo que la soltaran, que la dejaran vivir. Todavía es así como viven y mueren las mujeres en los márgenes de la sociedad; nos unimos a ellas en una foto fantasmal cuando defendemos los derechos de las mujeres como una causa justa. ¿Pero es justo usar el sufrimiento de Ana y de tantas mujeres asesinadas como la coartada virtuosa que disimula las venganzas personales? ¿Es ese desplazamiento, esa democratización de lo que significa la violencia, justo?

BAD HOMBRE

En 2016, durante su campaña presidencial, Donald Trump decía cosas como "necesitamos fronteras fuertes. Tenemos *bad hombres* aquí y tenemos que sacarlos". Me daba gracia que usara la palabra en inglés para lo moral (bad), y que cuando decía *hombres* lo pronunciara *hombras*, con a, como si además feminizara a esos señores regalándoles una a. Después de ir y venir muchas veces desde 2008, me había instalado en San Francisco de forma definitiva hacía apenas unos meses y había tenido un bebé de nacionalidad estadounidense, algo que me convertía en un tipo de inmigrante para el que existe una denominación: los que vienen a tener sus *anchor babies,* sus bebés ancla, en la tierra de los libres. Aunque yo podía pagarme el seguro médico, no era tan diferente de los *bad hombres* y *hombras* que cruzan la frontera a pie. Una semana después de que Asia naciera, Trump derrotaba a Hillary Clinton y era ungido cuadragésimo quinto presidente de Estados Unidos.

San Francisco es la ciudad de los locos por excelencia, pero aun así la victoria de Trump desató una conmoción con una onda expansiva de dimensiones impredecibles, salpicada de episodios raros que no terminábamos de decodificar y que, sin embargo, se conectaban con el alma profunda de la ciudad, que se hundía en la miseria con la misma velocidad exponencial con la que los tentáculos del software se tensaban sobre el resto del planeta. Nuestra vecina rodeó de crucifijos nuestro cantero; luego supimos que varios amigos llevaban Biblias visibles bajo el parabrisas como única protección ante los episodios de robo y vandalismo frecuentes, que incluían a gente que secuestraba el coche para dormir o hacer caca con mayor comodidad que en la calle. Una noche volvimos a casa y encontramos que habían escrito en el coche: *fuck you yuppies*. Así que no terminábamos de entender si éramos unos *yuppies* o unos *anchor babies*, *bad hombras* o simplemente unos extranjeros pesados que venían a perturbar la supuesta paz social.

Una de mis primeras salidas fue la presentación del libro de Stacy, en una librería preciosa cerca del Golden Gate Park. Stacy es una escritora estupenda y glamorosa que creció en San Francisco pero vivía en Nueva York; la librería bullía de sus familiares y amigos, había muchísima gente. Nos ubicamos a un costado con el cochecito por si Asia lloraba, pero por suerte dormía. Me animé a hacer una pregunta, de lo que me arrepentí inmediatamente; sentir mi voz elevándose delante de un grupo me cursó como una descarga eléctrica violenta en mi cuerpo lleno de oxitocina y prolactina. Al cabo, la autora cruzó la librería en unos *palazzo* beige, el pelo largo azabache ululando sobre su cintura. Se puso a firmar ejemplares mientras daba sorbos a su copa de cava; era la chica más elegante que había visto en mucho tiempo.

En el brindis conocí a otra escritora, Lily; ella formaba parte del grupo literario de escritores de San Francisco que yo integraba desde hacía pocas semanas. Me había invitado a sumarme Diego Ramos Vega, un escritor colombiano que me presentó ante un comité formado por él y otros tres que yo desconocía: me pidieron muestras traducidas al inglés, y al cabo de un mes me dieron el ok. Había tenido lugar alguna especie de deliberación, y me habían aceptado. Lily dejó caer una risita, dijo que algo había pasado y que no se juntaban últimamente. Lily era dulce, bajita y risueña, con el cabello oscuro extraordinariamente brillante como de seda, su familia era de Singapur. Saludó a Asia, que seguía durmiendo en su cochecito, acumulando reservas para acompañar mi insomnio durante a la noche.

Al día siguiente Lily me escribió. Podríamos vernos a la noche, podría traer comida de *takeout;* vendría con Elijah, otro integrante del grupo literario. Le dije que los esperaba cuando quisieran, no hacía falta traer nada. Como a las 6 p. m. instalamos el Hulu: lo primero que vimos fue el discurso inaugural de Trump, que había profundizado su deriva oscura. Dios protegería a América, pero América debía proteger sus fronteras de los salvajes.

Compré vinos Sancerre (mi favorito de la época porque es el que le gusta beber al bebé narrador de *Nutshell* de Ian McEwan), galletitas de aceite de oliva de cinco dólares el paquete, almendras crocantes, *brie* y unos quesos de cabra a la lavanda en el mercadito orgánico de la plaza Precita. Desplegué las galletitas como un mazo de cartas, y puse cerca un florero con lavandas para crear un eco de aromas. Era la primera vez que recibía nativos; hasta entonces solo había socializado con otros *aliens* como yo.

Sabía, de todos modos, que lo que motivaba el encuentro era un asunto de fuerza mayor. Una situación acerca de un "colega varón" que había surgido, y que nos obligaba a tomar cartas en el asunto. Los adultos jóvenes hacen converger su vida social en torno a marchas y protestas, así que no era extraño que nuestras personalidades no bastaran para ser el catalizador del encuentro. Me puse unos aros, pero me los quité de inmediato; Lily había mencionado la gravedad del asunto, y no quería dar una impresión demasiado festiva.

Lily y Elijah llegaron puntuales, se quitaron los zapatos en la entrada y se quedaron en medias. Elijah debía tener unos treinta años, con rostro de rasgos aniñados y redondo que me hizo pensar que, de haber tenido otra alimentación desde bebé, hubiera podido ser un perfecto jugador de rugby para la selección de Escocia o de Gales. Pero sus músculos nunca despertaron a la fuerza, su piel de crema tampoco conocía el sol; su sonrisa hacía una ligera curva inaccesible, con una calidez controlada para ser distante. Era originalmente de Nevada, y vivía desde los veinte años en San Francisco.

"Oh! *Power to the people*!", exclamó Elijah, observando el cuadro enorme que colgaba del *hall*. La pintura imitaba un clásico póster soviético: un hombre gris y anguloso en primer plano, la marea roja, el puño en alto, una fábrica detrás y letras en cirílico proyectadas sobre las chimeneas de la fábrica. Me parecía tan rígida y caricaturesca, con el humito tridimensional como de piedra tallada sobre las chimeneas, que había empezado a tomarle cierto cariño; me imaginaba que el dueño de la casa la habría comprado pensando que atraería a trabajadores de Google ideologizados, y hacía tiempo observaba la moda filocomunista arreciar sobre las capitales americanas desde Occupy Wall Street, lo que tenía un punto extraño de familiaridad con mi vida porque me recordaba a mis días en Puan y estaba acostumbrada a consumir irónicamente ese tipo de cosas (como el mate que usábamos, con la cara del Che Guevara tallada en cuero, que habíamos comprado en Montevideo, en la feria de Tristán Narvaja); el dueño lo había colgado, sin duda, porque asumía que a sus inquilinos les parecería *cool*, lo que no obliteraba que el aspecto conflictivo de la lucha de clases fuera mucho más palpable en San Francisco que en Argentina, y sin pensarlo les aclaré que no, yo no era comunista. ¿O era algo bueno ser comunista en Estados Unidos ahora? Estaba desorientada; como fuera, el cuadro disparaba conversaciones, el rojo de Oktubre encendía y rompía el hielo.

Se sentaron junto al queso de lavanda; no tomaban vino, Elijah prefería cerveza, y Lily un té verde. Entonces entendí mi error y me puse roja como el cuadro: los dos tenían hambre y yo solo tenía queso de lavanda y galletas, en plan *apéro*; había olvidado que los norteamericanos cenan a la hora de la merienda.

"No te preocupes, yo ya comí, ceno a las cinco de la tarde —me tranquilizó Lily—. Perdona que haya organizado este encuentro con tan poca antelación. Sentimos que esto no podía esperar. El asunto es... bueno, Diego. Tenemos que hablar de Diego. El grupo literario no se está juntando desde hace tiempo por esto. Así que hemos empezado un nuevo grupo literario sin él. Queremos invitarte a ser parte de él. Si tú quieres, claro".

Diego Ramos Vega era mi amigo colombiano. Lo había visto antes unas cinco veces, me había parecido simpático, expansivo y cordial; tenía el pelo ensortijado y bastante desprolijo, con ojos almendrados y un aire enérgico y a la vez tranquilo, de persona que está a gusto con su vida. Era moreno, alto, y tenía una actitud *normal*, poco calculada, que me caía bien: le encantaba hablar de libros, de libros y autores nuevos, que acababan de salir, seguía con tesón las novedades editoriales, le interesaba todo o casi todo, no tenía muchos filtros ni tenía entrenada la actitud esnob de despreciar ciertas cosas: para él, los libros eran como caramelos psicotrópicos, ácidos que metía en su cabeza y que tenían efectos deseados o indeseables. Su familia lo había enviado a estudiar Economía en Harvard con la esperanza de que regresaría como ministro de Economía de Colombia, para luego tal vez aventurarse en una presidencial, pero Diego había preferido destruir los sueños elitistas de sus padres: quería ser escritor. Latinoamérica era un lugar lejano que idealizaba, tanto o más que el mundo de los libros. Diego trabajaba de jefe de finanzas de una compañía de Web3 en San Francisco, pero se autopercibía una especie de Roberto Bolaño, que ponía en sus tarjetas de presentación "poeta y vago" justo encima de su número de teléfono, y quizás por eso era tan amiguero, como son esos escritores amigueros que te aprecian como potencial amiga del nuevo Bolaño que estaba por surgir, cultor de la bohemia y la amistad.

Cuando publiqué en Instagram que me había mudado a San Francisco, me escribió al instante. Tenía una actitud claramente *amateur*; un escritor profesional, o más o menos establecido, hubiera típicamente evitado como la peste la cercanía de otro escritor o cualquier noción de *ayudarlo*. De todas formas, fui a su encuentro con cierta reticencia, imaginando que sería parte de la franela para tantear si podía acostarse conmigo, pero Diego no mostraba en absoluto esa actitud. Quería darme la bienvenida, "integrarme a la comunidad", como me dijo, y tenía cero intenciones de meterse en mi vida, o en mi cama.

Al rato empezó a contarme su historia, a reírse de sí mismo; me dijo que los gringos no sabían muy bien qué hacer de él. Le decían Ricky Martin, y de tanto aclarar que no era Ricky terminaron apodándolo Not Ricky Martin. Quería presentarme a sus amigos escritores del grupo literario ("son raros pero bien, bastante hueys"), aunque se sabía un sapo de otro pozo. Manejaba un Tesla negro y se vestía con ropa de diseñadores japoneses como Yohji Yamamoto, con cortes asimétricos, de vanguardia nipona, que transformaban sus más básicos intercambios con la ciudad, como atravesar una columna de seres de fentanilo para comprar un café, en una novela futurista de William Gibson. Sin embargo, en San Francisco los hombres, por más dinero que tengan, se visten como si estuvieran por salir a caminar por la montaña; la supuesta vida sana asociada a la riqueza se funde calmosa con la dejadez corporal, con lo que su look no solo debía contrastar con el de los escritores, a quienes apenas les alcanzaba para la renta. "Solo a William Gibson le importa la moda masculina", se encogía de hombros Not Ricky, sin darle mayor importancia.

Yo no había notado estas cosas, pero él me las remarcó, quería que supiera que le iba bien, que no era un chico cualquiera, que además de dinero tenía sensibilidad estética. Odiaba su *dayjob* pero al menos le pagaba sus Yohjis, y entonces entendí que tenía la efervescencia de alguien que se encuentra *afuera* de la literatura, que la mira a través de un vidrio, pero muere de ansia por los libros y también por su sucedáneo humano, quienes los escriben. Porque Diego era un lector salvaje, de los que deambulan sedientos de novedades y de cabriolas estilísticas cuyo mecanismo interior no terminan de comprender pero los invade en apogeos de maravilla; así, a Diego, por ejemplo, lo fascinaban los autores amantes de las frases interminables. Pero también, sobre todo, le fascinaban las personas que dedicaban su vida por entero a esas cabriolas librescas que surgían con el cuentagotas de las novedades. Se ofreció solemne a presentar mi novela, lo gestionaría él mismo con la librería. Luego me invitó formalmente al grupo literario; y ahora los miembros del grupo literario, sus camaradas "bien, bastante hueys", estaban en mi casa, mirándome serios, explicándome que Diego Ramos Vega, nuestro amigo en común, era en realidad un violador serial.

"¿Pero cómo...? ¿Cuándo, qué pasó? ¿Irá a prisión? ¿Cómo puede ser?", pregunté en una catarata.

"No, no irá a prisión. Nadie ha hecho una denuncia. Solo sabemos de varios casos".

"¿Varios casos? ¡Qué horror!".

"Es un violador serial", acotó Elijah.

"¿Pero qué fue lo que pasó?".

"No podemos contarte los detalles. Si te los dijéramos sería demasiado fácil adivinar quién es".

"¿Te refieres a quién es él?". Yo todavía estaba en shock por la revelación, no estaba segura de entender bien.

"No. No quién es él. Sería demasiado fácil saber quién es la víctima", explicó Lily.

"Pero no conozco a nadie en San Francisco. Me mudé a fines de julio. Acabo de tener un bebé, prácticamente no he salido de mi casa", gimoteé.

"Pero si hablas con él, él va a saber que obtuviste esta información de nosotros, y eso podría traerle problemas a la víctima".

"¿O sea que ustedes conocen a estas mujeres? ¿Violó a una amiga, a alguien de su círculo?".

Mientras lo preguntaba, tenía a Diego en mi mente como un Ken morocho amenazante, cerniéndose sobre una Barbie estereotípica y rubia. Cuando era chica tenía varios Kens (incluso uno moreno, de piel aceituna y ojos verdes, mi favorito, que mis amiguitas admiraban con la seriedad de la codicia) y recordé que jugaba seguido a que mis Barbies eran sistemáticamente violadas por mis Kens. Ellos se frotaban sobre las Barbies mientras ellas dejaban escapar unos "¡Oh! ¡Oh, sí, oh!", aunque en el juego lo que tenía lugar era una violación y estaban de novias con Ken y les gustaba todo lo que pasaba.

"No podemos decírtelo".

"¿Alguien del grupo literario?".

"No podemos darte ningún detalle", agregó Elijah.

"¿Y qué vamos a hacer?".

"Es complicado porque… no podemos hacer nada. La línea telefónica de violación Rape Hotline dice que no hay que confrontarlos, porque eso puede poner en peligro a las víctimas".

"¿Qué quieren que hagamos entonces? ¿Cuál es la manera de lidiar con esta situación?".

"Dijeron que debíamos evitarlo", dijo Lily.

"Hacer correr la voz", agregó Elijah.

"Pero si no hay una denuncia, ¿él sabe que ustedes *saben*?".

En eso apareció Emiliano con una bandeja de empanadas recién salidas del horno, lo que me dio cierto alivio, al menos el asunto de la comida estaba más o menos solucionado. Elijah les echó un vistazo de can alerta, famélico pero desconfiado, y pasó a explicar:

"Yo hablé con Diego. Le pregunté ¿qué pasó con L.? L. era su novia. Me dijo 'se jodió la cosa. Ya no nos vemos'. No me dijo cómo fue que *se jodió la cosa*, pero era obvio que quería cambiar de tema. Le dije que las cosas no estarían ok si le había hecho algo malo. No le dije nada en particular. Solo le dije que 'no iba a estar ok', estaba implícito en el contexto. Y esto no está ok".

Traté de incitarlos a probar las empanadas; les dije que era una comida típica de Argentina, que había algunas de carne, otras vegetarianas y también picantes. Agarré una con la mano y me la llevé a la boca, a modo de demostración; tal vez eran tan inusuales para los americanos como hablar en español en California. Elijah eligió una de humita, pareció gustarle. La idea de simplemente no hablarle más a Diego, de un día para el otro, me parecía frívola, extraña. Era enero de 2017, y la palabra "cancelación" no formaba parte de la conversación que yo conocía.

"Pero no podemos simplemente *desaparecer*… ¿o sí? ¿La idea es no hablarle nunca más?".

Lily miró las empanadas. No comía gluten.

"Nos imaginamos que esto iba a ser más difícil para ti, porque él te trajo al grupo", dijo despacio.

"Sí, la verdad es que no conozco a nadie en esta ciudad. Él fue amable conmigo, incluso nos presentó, de alguna manera, porque él me trajo al grupo. Así que me parece, no sé, muy raro simplemente no hablarle nunca más. Por lo menos me gustaría preguntarle qué pasó. Y si es verdad lo que dicen, que violó a una mujer, ir a la casa a buscarlo y cagarlo a palos, no sé".

"Es que Elijah ya habló con él".

"Es que es terrible. ¿Cómo puede ser que haya violado a alguien? ¿A varias? ¿Ustedes se vieron con estas mujeres después de lo que pasó?".

"No, nunca".

"¿Y esto es algo que les contaron las víctimas?".

"No te lo podemos decir. No podemos decir nada. Podría poner a las víctimas en peligro".

"Pero si no conozco a nadie, cómo podría ponerlas en peligro".

Lily resolvió tomar el comando del asunto:

"Bueno, vamos por partes. No fue así exactamente. Hubo una situación en el grupo literario, porque Mónica le habló en una reunión. Mónica también está en el grupo literario, te encantará conocerla. Cuando pasó eso Diego se enojó muchísimo y le gritó a Mónica. Se puso violento".

"¿Cómo que se puso violento? ¿La golpeó?".

"No, solo habló de manera violenta. Ella le dijo: yo sé lo que hiciste. De qué hablas, decía él. No parecía dispuesto a hacerse cargo de nada, y tampoco a escuchar. Te dabas cuenta de que estaba MUY enojado".

Elijah no hablaba porque tenía la boca llena de empanadas, lo que me llenó de gratitud. Pero seguía la conversación de cerca. Intenté ordenar la información:

"O sea que, tal como están ahora las cosas, nadie hizo una denuncia. Nadie le dijo de lo que se lo acusa tampoco. El plan es no confrontarlo. Me pregunto: si es un violador como dicen, *¿no se está saliendo con la suya*? ¿No le estamos permitiendo salirse con la suya?".

Lily suspiró. Se la notaba cansada, era de noche. Quizás cenaba a las cinco de la tarde porque se despertaba a las seis de la mañana.

"Al principio, yo también me sentía ambivalente. Pero cuando supe que lo había hecho en otra ciudad, en otro estado, entré en shock. Las dos mujeres están asustadas y se rehúsan a hablar del tema".

"¿Son dos?".

"Por lo menos dos. De las que sabemos", tragó y dijo Elijah. Seguía comiendo, era obvio que le habían gustado, lo que, si bien me reconfortaba, le daba a su gesto cierta distancia casual de las víctimas. "Están realmente consternadas. No debe haber sido fácil para ellas", sumó limpiándose con la servilleta.

"¿Creen que puede vengarse y atacar nuevamente? ¿Eso fue lo que hizo?".

"No lo sabemos, pero por las dudas no queremos incitar ninguna actitud en él".

"Solo no vamos a hablarle más... Vamos a hacer lo que dijo la Rape Hotline, crear un vacío social...", sintetizó Elijah.

"Hacer correr la voz, crear *awareness*", puntualizó Lily en dirección a Elijah.

"O sea que ¿simplemente desaparecemos?".

"Nadie del grupo quiere verlo. Pensamos que tenías que saberlo. Cuando te vi en la presentación me pareciste *cool*, así que si quieres formar parte de nuestro grupo literario estás invitada. Solamente no le diremos nada a él".

"¿Pero esto no es como *Mean Girls*? ¿Como cuando estás en el colegio y la gente de pronto deja de hablarte? O sea, si violó a una mujer ¿no deberíamos por lo menos denunciarlo o romperle la boca a golpes?".

Lily exhaló. Daba la información a medida que era requerida.

"Sabemos que hizo un curso de sensibilidad de género en su trabajo. No sé bien qué pasó, pero la compañía detectó que Diego tiene un comportamiento machista, y que debe trabajar en su sensibilidad hacia el género femenino. Y en su novela, la mujer amenaza con denunciar al narrador por violencia doméstica. O sea, está en su libro. Y Elijah ya *habló* con él".

"Chicos, Diego es un narcisista. No hay forma de que conecte nada de esto con el hecho de que Elijah no le habla más. Diego está en la cresta de su ola ahora, ¿no? Tiene un contrato para el segundo libro con un buen editor de Nueva York. Sube selfies mirando el cielo como diciendo 'gracias, universo, gracias por amarme porque yo también te quiero'. Si Elijah no le habla, va a pensar que está celoso de su éxito, de su carrera literaria, ese tipo de cosas".

"Hmm", musitó Elijah. No esperaba eso de mí, la desconfianza que se había disipado con las empanadas volvió a instalarse en su ceño. Había sido un golpe bajo. ¿Qué sabía yo de él, de su carrera? No sabía nada, solo intentaba pensar del mismo modo que un detective razona como el asesino, o el violador en este caso. Noto que algo en él está afectado, pero intentar suavizarlo solo resaltaría lo que, ahora veo, es una herida previa. Mi yo interior se encoge de hombros, y de pronto me ilumino:

"Chicos, ¿qué tal si lidiamos con esto como *escritores*? Mandémosle cartas enfermas. Cartas anónimas. Notas firmadas por una hermandad secreta de mujeres, una sororidad de los bosques de Big Sur, que le digan: *Te estamos vigilando, hijo de puta. Sabemos lo que hiciste y la vas a pagar.* Se las dejamos en el trabajo, en la puerta de la casa, en la bicicleta. En el Tesla. Si lo hacemos bien, podemos enloquecerlo de paranoia".

Si en efecto *era* un violador y no íbamos a denunciarlo, lo mínimo que debíamos hacer, como ciudadanos de bien, era enfermar su mente. Otra opción para enloquecerlo era crear un perfil falso de Tinder: un vehículo que nos permitiera flirtear con él, enamorarlo, volverlo loco, hasta atraparlo admitiendo sus gustos malignos. Me gustaba esta venganza, y les conté la mejor historia de venganza y cuentas falsas que conocía:

La historia me la relataron unos poetas que conocí en Medellín, fascinados por los pormenores y exaltados por el aguardiente antioqueño, y tenía como protagonista a otro colombiano, el célebre escritor Héctor Abad Faciolince. Héctor tenía una némesis, que llamaremos Pablo, en honor al antiguo patrono de Medellín. Este Pablo acechaba la aparición de los libros de Héctor para destrozarlos, se dedicaba a escribir contra él en periódicos y revistas. Su acusación favorita consistía en que Héctor era "un escritor para señoras". Entonces Héctor pensó: muy bien, si escribo para señoras es que debo tener un costado femenino que vale la pena explorar. El diablo está en los detalles, es decir, en internet.

Héctor creó una cuenta falsa en Facebook: Camila, una niña de Cali que escribía poesía y admiraba a Pablo. De familia humilde, Camila acababa de cumplir los dieciocho años, pero no conocía a mucha gente a quien mostrarle sus poemas. Ni soñaba con publicarlos (era demasiado joven para soñarlo), aunque se sabía distinta a los demás porque, mientras las otras chicas salían de fiesta, ella prefería quedarse en casa leyendo. Por eso se animaba a escribirle, para saber si Pablo aceptaría leer algunos poemas suyos, darle su opinión. Su poemario favorito era *Una temporada en el infierno* de Rimbaud, y lo decía con cierto conocimiento de causa: ya se había leído todos los libros de poesía de la biblioteca municipal de su localidad.

Pablo estalló de amor. No solo por lo bonita que era, con ese cabello azabache larguísimo, y esos ojos de lirio en la foto de colegiala donde se adivinaban unas tetitas de miel. Lo había sorprendido el talento furiosamente precoz en una niña (porque es lo que era, una niña) que hacía sus primeros progresos en el haiku y los endecasílabos. Comenzaron a escribirse febrilmente por Facebook. El empezó a enviarle mensajes cifrados en sus columnas; ella le contaba que se quedaba soñando despierta junto al periódico, donde la foto de Pablo, recio y bigotudo, reinaba entre las letritas y los espacios blancos. Ella dejaba entrever su pasión por él, pero era tal la admiración que le provocaba que eso la volvía tímida.

Quizás, si se encontraban, podría empezar a verlo como a un hombre y no como a un dios libresco en un pedestal.

Pablo se propuso ayudarla en su carrera literaria, se autoproclamó su mentor. Le sugirió mudarse a su apartamento en Bogotá: en la capital podría asistir a cursos y alimentar su volcán literario. Y podrían verse, claro: ella tenía talento, un talento quizás excepcional, pero que necesitaba la guía de la experiencia y el saber. El mundillo literario era un orbe cruel, brutal y solitario, que requería cautela, astucia, protección; lo organizaría todo para su viaje. Pablo no quería decirlo, pero a ella no podía mentirle: él era un hombre intensamente rico, que provenía de una de las familias más acaudaladas de la capital, estaba casado pero ya no se llevaba con su mujer y hacía tiempo hablaban de divorcio; el asunto era inminente. Podía prestarle el apartamento vacío de su difunta tía Mariquita, que seguro miraría con agrado, desde el cielo de las tías, que una joven poeta caleña comenzase su carrera al estrellato de las letras colombianas en su excasa, en ese barrio tan acomodado. Le pidió sus datos para comprar el boleto de autobús. Iría a recogerla en la terminal, con una copia de *Una temporada en el infierno* firmada por él mismo, por Pablo, para que al fin ella pudiera acariciar su propio Rimbaud y no el de la biblioteca municipal. También llevaría dinero en efectivo para lo que llegara a necesitar.

Cuando encontré a Héctor en Lima, no pude resistirme a preguntarle si la historia que me habían contado los poetas paisas era verdad. Sonrió y me dijo "ya no recuerdo bien" con un destello pícaro. Al rato, concedió: "Lo que más me gustó fue escribir los poemas de Camila, hacía mucho que no escribía haikus", dijo Héctor, sonriendo plácido como un niño anciano que recuerda. ¿Y qué pasó después? "Ah, ya ni sé lo que pasó. Pero, en algún momento, Camila desapareció", dijo Héctor, con un chispazo bandido. "Le rompí el corazón. No estoy seguro cómo fue, creo que lo conté en una columna en *El Espectador*, ya no lo recuerdo", me dijo, con esa elegancia culta de los que, visto que te gustan tanto las precisiones y los datos, te mandan a investigar a la hemeroteca. Me parecía sublime el nivel de la masacre, que no le hubiera concedido ni el gesto del duelo y la daga; la estocada fue pública y *en passant*. Primero, Pablo muriendo de amor en la sombra, enfurecido, sin entender por qué Cami no respondía más; luego, Pablo descubriendo que el escritor de señoras había guionado ese dolor tan vívido que había sentido en su cuerpo. Y su corazón humillado, en pedazos, perdido en algún archivo, una curiosidad reservada para unas pocas ratas de biblioteca venideras.

Lily y Elijah me escucharon absortos, en blanco, como si hubiera estado hablándoles en español todo el rato. Ahí estaba el elixir secreto de la literatura colombiana, les dije: la ternura más suave, la crueldad más impasible, enlazadas para administrar un estilo intoxicante, un veneno, una prosa. Quizás, en lugar de Facebook o Tinder, lo mejor sería atraer a Diego con un perfil falso en Bagels and Coffee, una aplicación nueva que estaba muy de moda en San Francisco, porque los *matches* se organizan según los intereses de cada uno, mientras en Tinder solo es *hookups*.

"No sé que es Bagels and Coffee", dijo Lily, cortante.

"O sea, ¿qué pasa si esto continúa? ¿Vamos a quedarnos sin hacer nada mientras él sigue violando mujeres, porque es lo que aconseja Rape Hotline? Si sabemos que hay un violador suelto, ¿no es nuestro deber alertar a las autoridades? ¿No es nuestra obligación para con el resto de las mujeres?".

Me parecía bizarro que no quisieran decirme qué había pasado. Sin una denuncia o un relato de lo que había sucedido, la escritura era lo único parecido a una prueba que tenía, al menos una prueba en la que yo podía creer. Qué tal si Diego, que *creía* en la utopía de la Gran Novela Americana y que sin duda soñaba con ser su evolución latina y desprejuiciada, *compraba* una idea de autor *à la* Hemingway, el gran macho de la novela americana, y sencillamente se la *apropiaba*. Qué tal si era eso lo que estaba haciendo, si estaba tomando posesión del rol de Gran Escritor que escribe Grandes Novelas inyectándole el lustre del macho latino. Un Hemingway de identidad marrón, ese podía ser Diego, el nieto perdido del barbas Ernest con una beldad caribeña, en uno de sus interludios como espía y semental *extraordinaire*.

Lily intercambió miradas rápidas con Elijah. Si mi manera de entender era verlo por el lado del análisis literario, que así fuera. Podía respirar el hartazgo de

Lily, podía incluso *empatizar* con él. Elijah había comido bastante más, lo llevaba un poco mejor. Intenté concluir mi punto:

"En este caso, ¿no sería *ideal* que no lo denunciaran? ¿No era la cultura americana cómplice de la violencia? Porque en su mentalidad puritana y elitista, lo *peor* que podían hacerte en el mundo era… *evitarte.* Aislarte, excluirte de la elite. ¿No era este un crimen perfecto, la estrategia perfecta para ser un escritor *macho y maldito* a la vez? Da rienda suelta a sus apetitos, jamás es denunciado, solo evitado; a su vez, su escritura es el escenario donde exhibe su sadismo, donde cosecha aplausos".

Nos miramos los tres. Había dicho *maudit* en francés, y no conocían la expresión. Podía decirlo en castellano, *maldito,* pero ellos solo hablaban inglés. Tuve una módica revelación: *maudit* existe en la cultura latina, pero el *escritor maldito* no tiene equivalente en inglés. ¿*Damned*? ¿*Wicked*?

Lily me interrumpió, ya les había dado la lata bastante, y era tarde.

"Diego vive aquí hace veintitrés años. Estudió en Harvard, entiende perfectamente el sistema americano. *No es un* latino".

Me quedé en silencio. ¿*Yo sí era latina?* ¿Porque acababa de llegar, por las empanadas? ¿Se puede dejar de ser *latino*? Tuve una visión y me vi como me veían ellos: una licuadora rota. Me incorporaban los ingredientes y presionaban el botón de encendido, pero yo no producía el *smoothie* saludable deseado. No me salía, no había nada que hacer, *recycle bin.*

Lily tensó los labios, su boca como un tercer ojo. La conversación se había descarrilado por completo, nos había llevado por las ramas en lugar de enfocar en lo importante: que yo había sido escogida, que podía entrar en el grupo. Si quería. Ella podía sacarme del *recycle bin*.

Yo hubiera podido seguir mi vida *sin saberlo*, ser, gracias a mi ignorancia, parte de los parias sociales, de los caídos por el acantilado, y Lily en cambio había tenido la generosidad de darme la bienvenida a la verdad y al grupo literario. Y yo no era capaz de decodificar su gentileza extrema de invitarme a formar parte. Entonces se me ocurrió algo en lo que no había pensado antes:

"¿Ustedes me están diciendo esto para que me cuide de que no me viole *a mí*?".

"No, no creo que sea *ese* tipo de violador".

"¿Pero entonces qué tipo de violador es?".

"No lo sabemos. Pero si te preocupa, no creo que vaya a violarte".

Elijah intervino:

"No creo que debas tenerle miedo. Se trata de una persona que ya ha cruzado varios límites. Límites sociales, digamos. Solo dijimos, nomás. He visto a mujeres incómodas con él", acotó, bebiendo cerveza.

"Por ejemplo, una vez era muy tarde y llevó a una de nuestras amigas en su coche a la casa. Algo amable de su parte, entonces pensamos: genial. Pero luego ella dijo que él conducía muy rápido".

"¿Conducía muy rápido?".

"Sí. Tiene un Tesla".

"¿Pero Diego se propasó?".

"No, ella solo quiso bajarse antes de llegar a la casa".

"¿Se bajó antes?".

"No, la llevó hasta la casa".

Todos callamos. La conversación no iba a ningún lado. El arcoíris de Benetton que componíamos revelaba sus colores: un amasijo que no terminaba de combinar, como esas arañas a las que alimentan con anfetaminas y se ponen a construir redes exasperadas, descoyuntadas y deformes. Éramos dos sistemas incomposibles, cada uno con una razón (una cultura) hecha de detalles fulgurantes, invisibles para los otros; la multiculturalidad no había traído más que una variedad de restaurantes, no era extraño que venciera Trump. El lenguaje es una piel, como dice Barthes, pero por más que frotáramos nuestras frases con los otros, no lográbamos entendernos.

Era exasperante para ellos tener que explicitar hasta qué punto habían terminado con Diego. Los tenía hartos. Hablaba demasiado, y demasiado cerca. Andaba abrazando gente, bailando, estando contento, riendo fuerte. Se creía un gran escritor y probablemente no creía que los demás fueran grandes escritores. Daba malos *feedbacks* en el grupo, se creía el que entendía de literatura y no sabía un comino. (La vara de este esnobismo se me escapaba totalmente: por ejemplo, Diego no había leído a Dostoievski ni a Tolstoi, pero Elijah y Lily tampoco). Diego tenía la impunidad de la ignorancia, del que viene de afuera, para quien la literatura es un *hobby*. No como ellos, que habían hecho de la literatura su tótem y su pan, y que no conducían un Tesla. Diego era exitoso en los dos mundos, sin merecer ninguno: hacía dinero en la compañía, y le iba bastante bien como escritor. La gente que publica es un triángulo mínimo en la punta del iceberg de la gente que escribe, y ahora que había vendido su segundo libro a un editor de prestigio, de pronto el colombiano los miraba abrazado al bloque helado desde la mismísima punta, haciendo movimientos pélvicos de salsa contra el hielo, riendo fuerte. Como yo me resistía a unirme al *team* vacío social, Lily resolvió contactarme con Mónica. Mónica, la que lo había enfrentado: ella conocía a la víctima. Ella podría darme detalles de lo que había pasado.

Mónica me citó en un bar cerca de la legendaria librería City Lights. Pedí una cerveza en la barra y subí una escalera de caracol muy despacio, intentando no salpicar. Mónica llegó unos minutos después. Me vio y subió en dos zancadas la escalera caracol. Era atlética, muy guapa y delgada, de pelo oscuro, pómulos altos y marcados y con unas pestañas larguísimas; se parecía a alguien de la tele, pero no sabía a quién. Había vivido toda su vida a unas cuadras de ese bar, en el corazón de la ciudad. Su camiseta negra rezaba CONSENT en letras blancas.

"Diego y L. tenían una relación. Se veían hacía meses. Una noche, bastante borrachos, tuvieron sexo… él la ató. Ella me lo contó un poco riéndose, 'no vas a creer esto, pero anoche tuve sexo atada'. Me pareció obvio que él se había aprovechado de ella. Le dije que eso no era algo *normal*, que no la había tenido en cuenta como *persona,* ella había sido un objeto para él. Eso que había pasado era una *violación*, aunque ella no se hubiera percatado *en el momento.* Diego tiene una mujer borracha en su cama, ¿y se le ocurre atarla? ¿Tú harías eso? ¿Por borracho que estés? Yo no. Luego lo vi en el grupo literario y se lo dije. Le dije que era un violador, que había abusado de L. Diego se puso furioso, me gritó. Negó todo, estaba fuera de sí. Ahí pude ver la violencia que lleva adentro".

Ya sabía a quién. Mónica se parecía a Mónica de *Friends.*

"Diego *parece* una persona cordial pero no lo es. Yo creo que me hubiera golpeado si no hubiese habido más gente. Luego ella se enojó. Me dijo que no debí decir que la había violado. Me pidió que no lo dijera más. Que fue una situación ambigua, pero que no quería que nadie dijera que la habían violado. Que yo estaba violando su privacidad. Pero te lo cuento a ti, ya que quieres saber. Él es un violento, me quedó muy claro por cómo reaccionó".

"Gracias por contármelo, Mónica. No entiendo algo. Dices que L. se enojó contigo porque dijiste que la violaron, pero ella no se considera violada. ¿La sigues viendo?".

"No, hace bastante que no la veo".

"¿Cómo podemos decir entonces que es un violador serial si su víctima no considera que la violaron? Es algo muy grave decir algo así".

Mónica me miró muy seria.

"Puede ser. Pero luego me enteré del segundo caso. Otra mujer, en otro estado".

"¿Dónde?".

"En Nueva York".

"¿La conoces?".

"Eso no te lo puedo decir. Esto sí ocurrió, *sí fue una violación*, pero no te puedo dar más detalles".

"Mónica, es imposible que yo sepa de quien hablamos. Me mudé hace muy poco a San Francisco, no conozco a nadie aquí y menos en Nueva York. Para mí no es tan simple asumir que alguien fue violado solo porque otra persona dice que lo fue. ¿No puedes contarme qué pasó?".

"No".

"Pero entonces cómo sabes que la violó. ¿Ella te lo dijo?".

"No. No puedo decirte más".

"¿Estás preocupada por ella? ¿Crees que lo va a denunciar?".

"No lo va a denunciar".

"¿Tienes idea de por qué no lo denuncia?".

"No lo va a denunciar nunca. *No es su personalidad*".

"Perdona, pero es que no entiendo. ¿Hay que tener una personalidad para denunciar?".

Mónica torció la cabeza, como si al mirarme de costado lograra enderezarme.

"¿No te lo ha dicho Lily?".

"No me contó qué pasó, no. Me dijo que hablara contigo".

"Me refiero al tipo de chica. Diego es predador de un tipo de mujer. Le gustan las asiáticas. Pensé que Lily lo había mencionado. Mira, no puedo decirte más. No lo queremos más en el grupo. Es un violento, me ha gritado frente a todos. Tú puedes venir al grupo si es que aún quieres".

"Pero me has dicho que L. misma dijo que fue una situación ambigua, y está enojada contigo".

"Sí, está enojada".

"¿No estaremos destruyendo la reputación de alguien diciendo que es violador serial?".

"Su reputación, ja, ja. Me haces reír. ¿Qué reputación crees que tiene y que debe conservar?".

No era común para Mónica encontrarse con elementos tan cerriles como yo. Me debía ver como a un ser absolutamente carente de educación, que desconocía las luchas verdaderas feministas, una distancia calamitosa pero que, por otro lado, la aseguraba en su sitial del lugar correcto, en la vanguardia moral a la que pertenecía. Comprensiva, me sugirió que me encontrara con Esperanza, otra "chica latina" que había crecido en Alicante, de donde eran sus padres. "Te gustará conocerla", aseguró. Estaba segura de que yo apreciaría mejor la verdad si venía de un interlocutor de mi misma raza y cultura.

Esperanza era española, de pelo oscuro como yo, con grandes ojos verdes y un aire a Maribel Verdú. Cuando nos encontramos, hablamos sobre nuestras películas favoritas de Maribel (hacía tiempo que nadie le recordaba el parecido) y al promediar nuestros *ice teas* le pregunté si creía que Diego era un violador. A Esperanza le sorprendió mi pregunta, pero todo el mundo era un poco raro en San Francisco y tener conversaciones raras formaba parte de su vida en la ciudad.

"No, no creo que sea un violador. Tiene dos hijos mellizos, mantiene a la exesposa y a los hijos, los ve seguido. Conozco tantos tíos que no les pasan un céntimo a sus hijos y la mujer se tiene que apañar con todo que cuando veo un tío así, tan bueno con su ex y con su familia, me parece muy guay. Un violador no haría eso. Para mí es alguien amable. No lo he visto nunca en una situación violenta ni subida de tono".

Esperanza se encoge de hombros. Me recomienda no confrontar con los norteamericanos, se lo toman a mal y no sirve para nada. Ya sabía lo que decían de Diego, solo le había sorprendido que otra persona le hablara del tema.

"Sigo viendo a Diego, solo que no cuando estoy con ellos. Pero no se lo digas".

Por esos días aceptaron a Diego en una reconocida residencia de escritores en Montana. La residencia se organizaba según un estricto sistema de clases: la primera eran los profesores, escritores premiados que venían a descular los secretos de su magia e insuflar con el aroma de sus Pulitzers el prestigio de la institución. Luego seguían los *fellows*, un grupo selecto de personas en el que había sido incluido Diego. Los *fellows* tienen al menos un libro publicado, hay un riguroso proceso de aplicación, a partir de que alguien, típicamente un antiguo *fellow* o profesor, te nomina; a Diego lo había nominado un ensayista salvadoreño. Luego se encontraban los camareros, escritores que tenían algún cuento publicado pero ningún libro aún y que asistían a las charlas y conferencias de los profesores a cambio de servir la comida al resto; muchos jóvenes optaban por esta modalidad que les permitía hacer contactos con editores, agentes, agrandar su currículum (no todos los postulantes eran aceptados, la selección dependía del interés del proyecto de cada postulante) y nutrirse de las experiencias, o al menos la vecindad, de los profesores y *fellows*. En el fondo se ubicaban los participantes, que pagaban un monto considerable para asistir a la residencia, generalmente personas mayores con tiempo y ganas de estímulos y compañía.

A Diego le pesaba usar sus vacaciones del trabajo para instalarse en medio de la nada con gente desconocida, pudiendo irse a recorrer librerías por Europa o Nueva York (la playa no le interesaba, ya había sufrido suficiente calor de niño en Colombia), pero le pareció que no podía decir que no. Era un honor ser un *fellow* de la residencia de Bozeman, Montana; además, estando Trump en el poder, le parecía que lo mejor era que los latinos estuvieran representados. Era su manera de dar una batalla cultural.

Diego venía de tener unas reuniones de trabajo en Vancouver, y consiguió un chárter pequeño en Seattle que lo conectó con el aeropuerto Billings-Logan de Montana. Bozeman le hubiera quedado más cerca del rancho de los escritores, pero no había ningún vuelo disponible, así que al llegar alquiló un coche, un Pontiac Montana que le pareció espacioso, donde podría echar una siestecita si quería, y tampoco había mucho para elegir en el AVIS del aeropuerto. Llegó con jeans azules y su chaqueta negra de cuero larga de Yohji Yamamoto, que no solo desentonaba con el grupo humano sino también con el paisaje agreste y *cowboy* de Montana; apenas viera un sombrero de cowboy se lo compraría sin duda, le daría una onda personaje de *spaghetti western* futurista, podría dar una buena foto. Pensó que tal vez debería conseguirse una camisa de franela a cuadros (prefería ir siempre de negro, a lo sumo una camiseta blanca de algodón de James Perse), pero entendía el *look* América profunda; podía quedarle bien. La gente solía preguntarle por su chaqueta, que dónde se compraba un huey como él la ropa de Neo en *Matrix*, pero, pensó, era solo una chaqueta; también tenía jeans y ropa más normal, que llamaba menos la atención. Solo conocía a dos personas: Rock, un escritor neurodivergente no binario, y a Daphne, una chica con la que había salido hacía dos veranos. Con Rock integraban el grupo literario de San Francisco; Daphne ahora vivía en San José, tenía un novio *tech* y había conseguido un trabajo de pocas horas en Stanford, así que se veían mucho menos.

Al llegar le informaron que, desde el año anterior, la residencia de Montana había incorporado un coordinador de diversidad: Uli, un poeta afroamericano, fornido y gay. Al parecer, había tenido lugar un acontecimiento racista de algún tipo, sobre el cual nadie parecía querer saber demasiado, ni nadie sabía muy bien en qué había consistido; pero había consenso de que se había tratado de un evento racista y entonces contrataron a Uli.

"¿A dónde debo llevar a la hermosa persona a quien acabo de conocer y con la que quiero tener sexo esta noche? Ok: este tipo de cosas me las pueden preguntar a mí. Soy la persona en la residencia que los puede ayudar", declaró Uli con una vocecita sibilante y juguetona en la reunión de orientación. Los escritores sonrieron circunspectos; la residencia era conocida como un enclave selecto y relajado donde, básicamente, todos estaban con todos, y, por otra parte, todos parecían conocer los rumores del escritor caucásico que le había contagiado clamidia a todo el plantel de *fellows* de la promoción un par de años atrás; había sido nominado al National Book Award. Los poemas de Uli solían versar sobre la agonía que significaba para él vivir entre los opresores blancos; acababa de ganar un premio importantísimo.

En la reunión de orientación, Diego notó que algo iba mal. Rock no le devolvió el saludo, y Daphne no respondía sus mensajes. Habían hablado dos meses antes, cuando llegó la carta de aceptación de la residencia; Daphne, que era muy tímida, le había dicho que estaba contenta de contar con un amigo en Bozeman. Habían salido un tiempo y habían roto sin estridencias; después de unos seis meses sin verse, quedaron en cenar en un *thai* de moda en Potrero Hill, y ella, después de elegir la comida, se quitó la dentadura delante de él, la apoyó sobre la servilleta, comentó al pasar que tenía un problema en los dientes y que esta era una solución temporaria hasta que le colocaran los dientes soñados que había elegido, y pasó a trabajar sobre los langostinos rebozados con panko como si fueran piruletas. Cuando se subieron al Tesla negro, Diego no podía dejar de proyectar en su mente la visión de una mantis devorando un langostino rosa y le preguntó si le parecía bien que la llevara a su casa porque al día siguiente tenía reuniones en Mountain View y si quería evitar el *rush hour* se tenía que despertar tempranísimo; agregó que lo ponía feliz verla tan bien, tan encaminada en sus sueños.

La tarde del domingo, después de una lectura de

poemas de temática ecológica, Diego se puso a charlar con Rosie, una editora de no ficción rubia, delgada y con rulitos que había nacido en Irlanda y vivía en Nueva York desde hacía unos cinco años. Por la noche, en la fiesta de bienvenida de *fellows,* profesores y participantes, atendidos por una tropa de unos diez camareros escritores inéditos, Diego la abrazó mientras bailaban, metió su dedo en uno de los bucles de su cabello y empezaron a besarse.

Al día siguiente, en el desayuno, un hombre alto y corpulento, con pinta de exmarine, se sentó junto a él a degustar un plato hondo de *froot loops* con yogur descremado. Billy le contó que estuvo en Irak, en Afganistán, en Washington, disparando drones que explotaban al otro lado del mundo; se apresuró a mencionar que él también era *fellow*, lo suyo era el rubro "ficción militar". Resacoso y sin haber descansado bien, Diego se interesó un rato en la historia de los drones y le hizo algunas preguntas, pero el asunto de la guerra lo aburría y relojeaba distraído los mensajes vacíos de su teléfono. Le había escrito a un amigo del grupo literario de San Francisco: "¿Sabes qué le pasa a Rock? Estamos los dos en Bozeman y me mira con una cara de culo muy fuerte, más que sus caras de culo normales, digamos, ¿sabes si está enojado, o es que le cambiaron la medicación por una que lo pone más, no sé, rígido? ¿Está con uno de sus episodios?".

Billy tomó un trago largo de agua y carraspeó. Su cuello continuaba en sus hombros en un triángulo de cartílagos. Su tono de voz tenía un tinte diferente.

"¿Quién era la chica con la que estuviste ayer? ¿La conociste aquí?".

Diego se acodó a la mesa y dio el último sorbo a su segundo café de la mañana. Los ojos de Billy eran pálidos y minerales: coronaban su cuello como las antenas húmedas de un caracol gigantesco.

"Un caballero nunca habla, Billy. ¿Te llamas Billy con y o es Billie con ie, más tipo Millie Bobby Brown? La de *Stranger Things*, ¿te gusta ese show? Va de unos chicos que descubren eventos paranormales y cosas nefastas que esconde el FBI, te va a gustar seguro".

Su teléfono vibró con un nuevo mensaje: "Hola, Diego. Hemos escuchado rumores feos sobre ti y hemos decidido no volver a hablarte". Diego miró su teléfono extrañado, como si hubiera reemplazado la cara de su interlocutor. Se excusó y salió al pasillo, tratando de llamar a su amigo, o examigo. Había poca señal.

"Pero ¿por qué? ¿Qué pasó?".

Dos horas después, el mismo amigo o examigo escribió:

"Lo siento, Diego. No puedo decirte más. De veras lo siento mucho".

Diego decide visitar la librería de la residencia. Necesita despejarse, enfrascarse y leer algo que lo arranque de la desazón y el malestar que siente. Es una librería comercial bien provista, con precios especiales para los participantes y un sector específico donde están dispuestos los libros de los profesores y los *fellows*; en la entrada se encuentra con Uli.

"¡Qué bonita te queda esta *t-shirt*!".

"Ah, bueno, gracias".

"Tú eres Diego, ¿no es así? Tú entrenas, ¿verdad? No eres como el resto de los escritores que apenas pueden tipear de lo flácidos que son". Diego sonríe, siente ganas de abrazar a Uli. Su flirteo es el intercambio más amable que tuvo desde que llegó, a excepción de Rosie. Se ríe solo: no puede abrazarlo. Si llegara a hacerlo se largaría a llorar.

"Y, cuéntame, ¿qué estás buscando en la librería?", Uli cierra la pregunta apretando la boca como un beso de pato, mirándolo fijo.

"No sé, nada en particular, quería ver qué hay. Vengo de unas reuniones en Canadá y traje solo *Moby Dick* conmigo".

Uli enarca una ceja.

"Mi *great American novel* gay favorita. Una novela hecha de esperma, océanos de esperma. Dime una cosa: ¿ya has leído mi libro de poesía?".

"Mm, no, lo siento. No, no lo he leído. Soy más lector de novelas, aunque me encanta la poesía, ¿te gusta la poesía de Bol…?".

"Pues ve y cómpralo".

"…".

"¿…? Está ahí para que lo compres".

Uli volvió a poner la boca de pato, se cruzó de brazos. No bromeaba.

"Puedes comprarlo ahora", hizo un ademán con la cabeza hacia la librería.

"Dime, Uli, eres Uli, ¿no? Recuerdo tu charla en la orientación, yo estaba sentado junto a la ventana.

Dime una cosa. ¿Todos los poetas hablan así, 've y compra mi libro de poesía'? Perdona, pero no conozco muchos poetas, y lo percibo como una actitud, no sé, diría poco poética, ¿no?".

"Es lo mínimo que podrías hacer", dijo Uli echándole una mirada nítrica y misteriosa. Lanzó una última cara de pato y desapareció con una salida teatral.

Diego se va sin comprar nada, atraviesa el edificio principal y se encierra en su habitación. Se queda toda la tarde leyendo *Moby Dick*, pero las palabras pasan por encima de su cabeza, no se puede concentrar, tampoco puede escribir. ¿Qué hace en esta residencia de mierda? ¿Para qué alquiló ese Pontiac Montana si no es para crear una nube de polvo que lo traslade a donde se le dé la gana? Pero lo han invitado, hay un presupuesto asociado a que él esté ahí, las comidas y bebidas incluidas, la cantidad de camareros pasantes está definida en función de que los *fellows* cumplan el compromiso que asumieron al aceptar formar parte de la residencia. ¿Se metería en problemas si se va?

Por la noche, el sarao de los escritores recomienza a las 5.30 p. m. Siempre ponen música, para disimular lo mala que es la comida, lasagna, sopa, albóndigas y palanganas de hojas verdes para condimentar con salsa ranchera. Diego y Rosie eligen una mesa más apartada y comen algo ligero, y Rosie, que ama vivir en Nueva York pero que muchas veces piensa por qué no dejo este piso infecto carísimo y me vuelvo a dar clases sobre Yeats en Cork, le cuenta sus aventuras como *fact-checker* en un periódico grande, el trabajo más estresante que tuvo antes de ser editora. Diego sigue su conversación, todo lo que cuenta Rosie le interesa y ella es estupenda, pero cuando divisa a Rock, que parece que lo busca con la mirada para luego hacer una mueca visible de asco, se da cuenta de que todo este tiempo Rock y Daphne estuvieron mirándolo de lejos, como si midieran la distancia y no solo se jactaran de ella, sino que hablaran de ella, se unieran en ella. ¿Se estaba volviendo paranoico? ¿También habían decidido no hablarle nunca más, así como así? Rosie sigue conversando y él se siente un demente: no solo eligieron una mesa apartada, el hecho es que están apartados y que todo el mundo parece guardar una distancia higiénica, prudencial; cada vez que se acerca al bufet la gente parece diluirse a su alrededor, como si el resto que ni lo conoce compartiera esa frialdad leprosa hacia él, esa frialdad orgullosa mezclada con asco y desprecio que salta como un virus del semblante de Rock y se contagia a Daphne, que no puede siquiera hacer contacto visual con él, al punto que Billy el militar de Irak es el único que simula una sonrisa mostrando una línea ínfima de dientes cada vez que lo ve. Que parece ser todo el tiempo: como si nunca dejara de mirarlo. Es cierto que es un pobre tipo, que nadie quiere hablar con un exmarine de sesenta años ni para preguntarle qué se siente matar a alguien y luego escribir al respecto, aunque Billy está esperando con ansias que se lo pregunten, sabe exactamente qué contestar, y que, en esto, Billy y él se parecen, son los elementos exteriores que consolidan la sensación de autopertenencia del grupo, pero él no mató a nadie y cada vez que va al baño ahí está Billy merodeando.

Termina de mear y ve a Billy lavándose las manos frente al espejo.

"Billy. No sabía que te gustaba mirar a otros hombres meando. Te debe dar ideas para *military fiction*, eh".

Billy no parece haber escuchado nada de lo que acaba de decir. Sus ojos de caracol reseco por las guerras y órdenes de generales se arrugan hacia él.

"Diegou. ¿Sabes que esa chica con la que estás tiene veinticinco años?".

"Fíjate, Billy, gracias por informarme. Sí, es mayor de edad, como dices. Y yo tengo treinta y cinco, por si querías saberlo. ¿Me vas a preguntar si me acosté con ella también? Eres bastante pervertido, ¿eh?, seguro te pervirtieron los drones, ¿no?".

Diego vuelve a la mesa apartada que había compartido con Rosie, pero no la ve por ningún lado. Está solo; del otro lado hay una cuadrilla homogénea que ríe con entusiasmo y sobreactúa la felicidad de la flamante camaradería, como si todos estuvieran en el mismo viaje creativo que los lleva a ninguna parte; el jolgorio forzado de los escritores participantes y *fellows* es esencial, es la piel de la burbuja que los separa de los camareros, los que trabajan, que no saben muy bien cómo pararse e interactuar combinando el respeto con la unción que les producen (o deberían producirles) ciertos profesores, algún que otro *fellow*.

Entonces ve a Rosie emerger entre la turba humana y empieza a sonar "Heart of Glass" de Blondie.

Diego cruza el salón y es como si toda la oscuridad se evaporase, como si de pronto fuera John Travolta, el chico malo con chaqueta de cuero y la *t-shirt* blanca quien toma la mano de Rosie, que es, ahora lo nota, absolutamente igual a Olivia Newton-John. Rosie se ríe, gira, mueve los rulos rubios y los dos son estupendos y extáticos por unos minutos; dan vueltas sonriendo, con los ojos cerrados, Diego no necesita abrirlos para saber que las miradas de los otros se les pegan al cuerpo como la saliva de un dragón furioso y resentido, sin poder real de fuego. Esta es, para Diego, la ventaja decisoria que lleva sobre los americanos: es el único heterosexual que adora bailar y no se ve estúpido haciéndolo.

Antes de que Blondie deje de sonar, un hombre mayor se acerca a la pareja de bailarines. Es Robert Dickman, el director del programa. Un poeta pálido y delgado, cabello gris corto, arrugado e indefinido, que podría ser un asesino serial o un dentista o un agente de bolsa y todo lo haría con la misma inexpresividad. Le pide disculpas a Rosie y se lleva a Diego a un costado. Es una escena que nadie puede dejar de ver, porque de hecho todos están mirando.

Robert le habla sin mover casi la boca, dejando ver una hilera de dientes brillosos.

"Quiero que sepas que sé por qué estás aquí. He venido a decirte que te estoy vigilando", dice.

"¿¿¿Perdón??? ¿Y usted quién es para hablarme así?".

"Soy el director de la residencia".

"Pero ¿¿cómo...??".

"Quiero que sepas que te estoy vigilando".

"¿¿Vigilando de qué??".

No solo todo el mundo está mirando, ya no hay música, el murmullo apagado de las conversaciones se tensa y cada sistema nervioso parece querer captar algo de lo que dicen. Lo compondrán entre todos, como un enorme animal sabio, una conciencia colectiva. Rosie desaparece en el grupo grande; Rock y Daphne se acercan a ella, Diego ve que le dan la mano. Diego sale enfurecido del salón, no sabe a dónde ir, va directo al baño. Se moja la cabeza, la cara. No puede creer que ese hombre, a quien jamás había visto antes, le haya hablado así, a él, a un *fellow*, que haya creado esa escena, ¿qué se cree? ¿Por qué piensa que puede maltratarlo? Piensa en hacer una queja. Acoso. Esto es racismo, piensa; hay que pensar como piensan ellos, hacer lo que harían los blancos. Termina de mear, Billy también está en el baño.

Billy no llega a decirle nada porque Diego sale disparado a su habitación. Tiene decidido irse por la mañana, no sin antes enviar un email cuidadosamente indignado al cuerpo directivo que lo invitó, con copia a la administración, con todos los *talking points* de la raza legibles, el único veneno que le queda para defenderse. En eso le llega un texto de Daphne.

"Vi lo que pasó. Siento no haber dicho nada antes. Cuando llegué aquí me dijeron ten cuidado con Diego. Se lo han dicho a todos. Perdona, debí habértelo dicho antes".

Por esa época, Diego se sacó la lotería. Travis Logan, un editor de renombre, conocido por sus apuestas innovadoras y por su sensibilidad geológica para captar movimientos sutiles en las capas tectónicas del mercado, compró los derechos de su segundo libro. Travis era fanático de Roberto Bolaño y se había entusiasmado con la novela de Diego: había encontrado un autor hecho de sangre y vigor puros, latino en sus temas y en su actitud pero capaz de escribir en inglés con una prosa saltimbanqui, potente y vital; un descubrimiento, una rareza que prometía un gol en los circuitos de premios, siempre ansiosos por parecer virtuosos (no porque fueran simples hipócritas, sino porque luego las hordas de internet les cobraban caro cualquier decisión fuera de la que tocaba la mayor cantidad de casilleros políticamente correctos; él no los juzgaba, solo los comprendía); y encima se llamaba Diego, Diego Ramos Vega, podía imaginarse las cataratas de nominaciones y a los periodistas trazando referencias irónicas a Diego Armando Maradona, que, aunque fueran chistes con sorna, alimentarían el SEO de Google de las búsquedas online de la nueva estrella latina y cimentarían el ascenso de una voz que podría enamorar a los lectores, un autor joven y talentoso acorde con la fantasía del ascenso social cultural de la mayor minoría trabajadora en Estados Unidos, un Ricky Martin de las letras.

Feliz y fanfarrón como siempre, Diego no pudo resistirse a publicar en Instagram una foto de la noticia de su *deal* en *Publishers Weekly*. Al día siguiente, un email anónimo llegó al despacho del editor.

Querido Travis Logan:
Nunca he enviado un email anónimo antes, pero aquí va. Escribo porque Ud. adquirió los derechos de la novela de Diego Ramos Vega. No sé si está al tanto, pero sabemos que él ha atacado sexualmente a múltiples mujeres, y que ha violado al menos a una. Es un hecho bastante conocido, aunque hasta el momento sus víctimas no han querido recurrir a la policía, con lo que es poco lo que hemos podido hacer más allá de hacer correr la voz, particularmente en la comunidad literaria. La mujer que fue violada ha dicho que no quiere reportar el caso porque tiene miedo de él. Le pido disculpas por traer estas malas noticias. Esto ha sido muy difícil para muchos de los que lo conocemos. Quizás es demasiado tarde, pero creí que usted debería estar informado.
Firmado: Un amigo.

Cuando llegué al bar en Mission divisé a Lily y Elijah, sentados en una mesa cerca del ventanal. Al lado estaban Derek y dos chicas más, Thilda y Rhona, que me saludaron con simpatía. Pedí una cerveza y me senté al lado de Thilda. Me contó que, junto con Rhona, habían creado un *safespace* para mujeres escritoras en Mission. Un club nuevo, muy *cool*, había que pagar una membresía, que me pareció altísima; me tranquilizaron diciendo que, de todos modos, si no podía pagarlo, había subsidios para POC, personas de color como yo.

Les conté que vivía en Bernal Heights, que había tenido un bebé hacía poco; un *anchor baby*, como llamaban los republicanos a los niños que nacían de las

POC mujeres que cruzaban la frontera. Me miraron asomando apenas los dientes como conejos curiosos, sin saber si sonreír o cómo reaccionar. Acerca del *safespace*, les pregunté por qué lo hacían. Por qué creían necesario que las mujeres estuvieran en ambientes solo para mujeres, ¿había muchos violadores activos en San Francisco?

Mi candidez les pareció muy mona. No, los *safespaces* eran una moda nueva, The Wing iba muy bien en Nueva York. Un lugar donde podías trabajar, como WeWork, pero sin esa gente horrorosa de *tech* que estaba arruinando San Francisco, copando todo, cerrando los locales de toda la vida. Empujando a la gente de color autóctona fuera de la ciudad. Un lugar solo de artistas, gente buena, *real*, no como esa turba de neoliberales que trastornaban la ciudad. San Francisco seguía siendo un lugar bastante seguro, no tenía que preocuparme por el tema de los violadores. Les conté que mi primera novela había salido hacía poco, la había presentado con Diego.

"Eww", dijo Thilda.

"Lo siento, debió ser horrible para ti".

"¿Qué cosa?".

"Presentar la novela con él".

"Ella no sabía lo que pasaba", me excusó Lily.

Thilda y Rhona desactivaron la alarma en sus ojos, compasivas. Derek contó que escribía ficción para la radio. Una distopía que transcurría en la bahía, con las voces de dos actrices de Sofía Coppola. Hablaba monocorde, muy serio. El pódcast había escalado de la noche a la mañana, había pasado de ser un fenómeno *indie* a ser adquirido por una gran compañía; eso explicaba que estuvieran involucradas estrellas de Hollywood. Sabía que, si todo iba bien, acabaría mudándose a Los Ángeles, pero no quería pensar en eso todavía. El mundo estaba en un proceso de cambio y la radio volvía a ser una parte fundamental de ese cambio, era emocionante. Como cuando Orson Welles hizo *La guerra de los mundos* haciéndole creer a media California que los extraterrestres nos estaban invadiendo, le dije, pero no estuvo de acuerdo:

"Bueno, no realmente. Orson la tenía mucho más fácil que nosotros. En su época, la radio estaba masificada. No había nadie que no escuchara la radio. Los pódcasts están lejos de ser tan masivos y, por otra parte, todavía hay muchos impedimentos técnicos. No puedo experimentar con movimientos de cámara, solo intento que no colapse. Y es muy, muy difícil".

Bebió un poco de cerveza. Se lo veía agobiado, oprimido bajo el peso de su propio genio, haciéndose cargo de una vanguardia incipiente, de un futuro angelino y de unas estrellas de Hollywood prácticamente él solo. Hasta entonces mi socialización se había restringido a los *entrepreneurs* de tecnología en San Francisco, a la gente que estaba "arruinando" San Francisco; personas de color que estaban amenazando el ecosistema de otras personas de color ante el horror de los blancos buenos, que no querían que eso pasara. Los *entrepreneurs* vivían bajo extrema presión, muchas veces con el dinero contado para sobrevivir unos meses en los que tenían que lograr convencer a los capitalistas de que invirtieran en ellos, pero aun así ningún *entrepreneur* cultivaba una actitud torturada. La gente de tecnología tiene que demostrar que entienden el *zeitgeist* con cada fibra de su ser, que son capaces de conectar con los deseos latentes de la humanidad. Los escritores, en cambio, no tenían esos incentivos para ser *cool*: era correcto dar un aire miserable, la prueba de empatía y sensibilidad, el engarce con el pasado, con la tiniebla de la humanidad. El Nuevo Grupo Literario combinaba lasitud y cerveza, su lenguaje corporal acompañaba el sentido dañado del mundo. Diego era diferente. El contraste entre Diego y sus antiguos amigos debía ser brutal, pero ya no habría nadie para observarlo.

Me pareció que Elijah me miraba inquisitivo del otro lado de la mesa, sin terminar de esbozar una sonrisa. Seguramente quería saber cómo me había ido con Mónica, si Mónica había terminado por convencerme, si me había movido de esa postura tan ignorante, tan Tercer Mundo de andar preguntando qué había pasado exactamente. ¿No estaba poniendo en duda su palabra? ¿La palabra de las mujeres?, me decía en su silencio Elijah, el único hombre en la mesa (Derek se había ido a buscar otra cerveza). Podíamos seguir hablando de la era dorada de la radio, pero todos sabíamos cuál era el verdadero motivo de la reunión. Yo me estaba jugando mi descuento para el *safespace* como persona de color.

"No sé, chicos, pero si no hay una denuncia de violación él podría decir que lo estamos difamando.

No sé cómo funciona el derecho aquí, o sea solo sé lo que conozco de las películas, pero me imagino que Diego puede sentir que estamos dañando su reputación. Sobre todo si la persona supuestamente violada dice que fue una situación ambigua y no piensa que existió una violación".

Me miraron como si acabara de llegar de Marte, de otra guerra de los mundos, especialmente Thilda y Rhona. Creo que les parecía una falta de educación de mi parte, una marca de salvajismo, de incivilización, que no aceptara de inmediato la verdad de lo que decían. ¿Quién podría pensar que Diego podría acusarlos de algo como *dañar su reputación*? La cara de Derek se cerró, su ventanilla de atención al mundo había caducado. Se levantó a buscar otra cerveza. Elijah habló despacio:

"Pero no te pueden hacer un juicio si simplemente dices *no me gusta esta persona*".

La voz de Elijah tembló un poco al final, ¿había dicho lo que dijo, *no me gusta esta persona*? Lo dijo, y yo lo repetí. Lily bajó los ojos, rendida. Estaba entendiendo otra cosa de la que querían que entendiera, y no parecía que hubiera forma de guiarme adecuadamente hacia la verdad verdadera. Quise decir, pero no dije, que a mí me parecía atendible que no les gustara. Tenían derecho a elegir de quién ser amigos, solo que hacer correr la voz de que era un violador no era lo más *clean*. Después de todo, solo seguían las recomendaciones del Estado, vía la Rape Hotline. Aunque todos detestaban a Trump, como correspondía en su *milieu* cultural, yo no podía dejar de sentir que estaba en una comunidad de gente perfectamente buena, decente y liberal, que había encontrado la manera de expulsar a los indeseables alineándose al desprecio presidencial. En cuanto a mí, yo podía elegir. Podía quedar del lado de afuera del cerco, con los parias, los *bad hombres*. Podía formar parte de un grupo nuevo, si avalaba la expulsión de la otra persona de color. Cupo limitado.

Volví a casa sintiendo la famosa niebla de San Francisco sobándome los brazos. A veces la veía desde mi casa, una especie de animal con una gigantesca cabeza gris avanzando sobre el mundo humano; yo era apenas una rémora densa que estorbaba su deseo de arrastrarse, de hacerse una contra el suelo. Fui a la peluquería de Glen Park, a poner un poco de orden en mi cabeza. La dueña del local me preguntó qué hacía en San Francisco, si estudiaba, si tenía un contrato de trabajo, si estaba casada con un estadounidense. Me explicó que ella vivía en Marin, en una casa preciosa, en un barrio muy exclusivo, y que seguía peinando porque era su pasión, pero que podía retirarse perfectamente si le daba la gana y que toda su familia votaba a Trump, y ella entendía *por qué* América votaba a Trump, aunque no me dijo por qué. Me daba igual que votara a Trump o al Pato Donald, pero al hablar movía una tijera cerca de mi cuello y era evidente que gozaba al dejar caer el sabor de su desprecio sobre mí. Unas semanas después recibí por email el descuento para personas de color en el *safespace* de mujeres; tenía un mes para pagar los dos mil dólares anuales en cuotas, si quería aprovecharlo. Mandé el email al trash, y le escribí a Diego.

Nos encontramos en un café de Álamo Square. No podía ni mirarlo. Hicimos la fila para encargar nuestras bebidas, uno junto al otro. Pedí un earl grey; él, mocha latte. Dos chicas tomaban café en una mesita cercana, me dejé hipnotizar por ellas, sus cabezas asintiendo, hablando bajito. Bueno, qué huey, dijo él, qué estás escribiendo.

Lo miré. Dije que estaba escribiendo sobre un amigo mío, que me enteraba de que era un violador. No era ficción.

Él empezó a hacer preguntas. Qué había hecho, qué había pasado, cómo estaba la mujer, de dónde conocía a esta persona. Sus preguntas se parecían mucho a las que yo les hacía a los del grupo literario.

"Mira, te mentí. El violador eres tú. Me lo ha contado alguien, pero no me ha dicho qué fue lo que hiciste. Me lo tenés que contar vos".

Me miró espantado.

"Yo no he violado a nadie, jamás", me dijo como si lo deletreara. Su mirada de horror era tan fuerte que rehuí sus ojos, pero volví ávida a mirarlo. Me había vuelto adicta a estos momentos de confrontación con los acusados, a captar toda su vida en una cara. ¿Era esto lo que buscaba, por debajo y sin saberlo, esta intimidad súbita con hombres que de pronto sentían su vida en mis manos? Algo sádico de mi lado, tenerlos desnudos así. Eran como perros secuestrados, arrancados de sus vidas para ser animales de riña; eran los villanos de las historias que me habían contado, que yo rescataba como a perros robados no para devolverles su vida sino apenas para contar otra historia, la historia que yo perseguía sin saber muy bien qué era lo que se agitaba debajo. Una cercanía que me permitía sentir el pulso de cada gesto mínimo, como si yo fuera el detector de mentiras. Ya no Pola sino Polígrafo, registrando alteraciones ínfimas del sistema nervioso para dibujar un paisaje de pornografía moral. La furia crecía en él, la soledad total, el murmullo en su cabeza que empezaba a salir como un líquido por la boca. Su vida descartada, su vida que no valía nada. Transparente.

Le habló primero a la taza, y luego a mí.

"¿Tú crees que si yo hubiera violado a una persona estaría aquí, tomando un café contigo? ¿Crees que las mujeres no están protegidas por la ley aquí, en Estados Unidos? ¿Que tendrían miedo de hacer una denuncia? ¿Contra mí, que soy un pinche huevón? ¿Un colombiano de mierda? Por cualquier cosa te pueden poner una orden de restricción. Además, lo más enfermo es que a mi prima hermana la han violado en Bogotá, Elijah lo sabe. Es una historia demasiado triste, si quieres te la cuento un día. Pero esto, esto es una mentira que empezó Mónica, que enojó mucho a la que era mi novia, y a mí. No sabía que seguía con eso. ¿Crees que si hubiera violado a alguien no me habrían denunciado? El problema es que nunca pasó. No hay denuncias porque nunca pasó".

"¿Por qué te enviaron a hacer un curso de sensibilidad de género en el trabajo?", pregunté, inmersa en mi rol de detective puerperal.

"Eso no fue un curso en el trabajo, la compañía pagó un consejero privado, una especie de *coach* para mí y para el que era mi jefe, un *man* que había estado en la Navy que había sido mi jefe por varios años y que tenía un estilo muy agresivo. Yo era bastante joven, y me pareció claro que si querías sobrevivir en ese equipo había que endurecerse, y los cuatro *manes* que estábamos bajo él terminamos imitando su estilo, y entre nosotros nos soportábamos y nos llevábamos bien, pero ya cuando teníamos que trabajar con otras personas era una cabronada. Entonces dos señoras se quejaron, y nos mandaron a los cinco con este *coach*, la compañía pagó como cincuenta mil dólares el *coach* para cada uno, que tampoco era de sensibilidad de género, sino de estrategias comunicativas. Te enseñaba que mostrarse agresivo es absolutamente contraproducente, de hecho es lo más contraproducente que puedes hacer; el punto era enseñarnos a manejarnos de manera estratégica, especialmente cuando lidias con personas que son mayores que tú o de otro sexo. Y me vino muy bien ese *coach* porque ahora, que tengo ochenta personas a mi cargo como mánager, sé de primera que sin un ambiente donde todo el mundo se sienta cómodo, sin una buena comunicación, nadie está a gusto, entonces nadie trabaja realmente bien y no obtienes buenos resultados. Parece obvio, pero cuando son muchas personas requiere cierto entrenamiento, para no tener culturas de empresa tóxicas y esas cuestiones".

Nos quedamos callados. Había hablado con sensatez, sin emoción; yo lo había arrancado del pozo emocional con mi pose inquisitiva, tenía que dejarlo regresar solo.

En algún momento Diego volvió a hablar, como si su narcisismo herido fuera el primero llamado a tener voz; le dolía que los que creía que eran sus amigos no fueran sus amigos.

"No lo puedo creer. O sí, no sé qué creer. Es cierto que hace tiempo que no nos vemos con el grupo... pero no sé, no me imaginé nada así. No sabía que esos eran los rumores. Pensé que Elijah estaba en modo antisocial, que estaba escribiendo. Por eso no nos veíamos tan seguido como antes".

"¿Pero vos ataste a una chica? ¿La que era tu novia?".

"Mira, yo llevo una vida tranquila. No estoy en grupos de BDSM de San Francisco. Ya sabes, donde hay cadenas, cosas más heavies. Yo hago un sadomasoquismo *light*".

"¿Es decir que le pegabas?", escupí mi té.

"Solo *spanking*. En la cola. Nada más. A veces me piden que les ponga un collar".

Me derrumbé sobre el té.

"Es algo muy dulce, en realidad, cuando estás ahí. Es muy íntimo. Casi romántico. No, en realidad es totalmente romántico, por la unión que tienes con la que es tu novia. Mi novia de entonces me pidió que le comprara el collar, mira, te puedo mostrar los mensajes. Y siempre con palabras de seguridad, como GRANOLA. Si la chica que está conmigo dice GRANOLA (suponiendo que esa es nuestra palabra) yo me detengo".

"¿Granola?".

"Bueno, o LECHUGA, no sé, algo que no tenga nada que ver con lo que hacemos, ¿sabes lo que es una *safeword*?".

"No".

"Nunca hiciste sadomasoquismo, ¿sí?".

Busqué en sus ojos el flash del perverso. Pero no lo decía así.

"Y qué más".

"Cuando me lo piden, las ato. Nunca es contra la voluntad de ella, lo que es divertido es que es un juego, ambos estamos en él, las personas se permiten gozar con mucha más fuerza una vez que rompen esa primera inhibición".

"¿Hace mucho lo practicas? ¿Empezaste en Colombia?".

"No, en Colombia no, qué va. Allá es todo distinto, bueno América del Sur es muy diferente de aquí. ¿No? El trato social, la intimidad que logras con alguien. En Colombia puedes enamorarte con dos miradas y un roce de la piel. Aquí es difícil llegar a conocer a las personas. De pronto, todo lo que haces es 'predatorio' solo porque lo haces tú, ¿y qué es lo que estás haciendo? Conversar, nada más, pero eso es visto como predatorio. No sé, supongo que esperan que no hables, que te quedes mirando al piso. De todo esto, creo que lo que más me duele es lo de

Elijah. Podría haber hablado conmigo. Dejarme que le explique que hay una confusión, que podemos llamar a L., si es que todo esto empezó por mi relación con ella. Pinche Elijah. Yo me había imaginado que estaba enfrascado escribiendo su libro y por eso no hablábamos".

Nos despedimos, y al cabo de unos meses me volví a vivir a Argentina. Hablamos en algunas ocasiones por teléfono; su nombre había sido añadido a una lista online, creada por fuentes anónimas, de hombres acusados de ser agresores sexuales. La novela que había terminado de escribir solo recibía rechazos de parte de las editoriales, si es que respondían. Una editora le escribió a su agente: "Sean probadas o no estas acusaciones, es claro que los miembros de mi equipo asocian a Diego con acusaciones de acoso sexual, por lo cual no puedo avanzar y hacer una oferta por el libro. Quiero decirte que esta es una gran decepción también para mí, porque el libro es profundamente singular, su exploración de la crueldad del sistema inmigratorio americano me ha tocado profundamente".

Elijah siguió publicando en las editoriales donde solía hacerlo, en pequeñas ediciones de quinientos ejemplares. Conocía desde hacía años a Travis, y cuando lo promovieron como editor creyó que había llegado su momento para saltar a las grandes ligas. Pero Travis rechazó el libro de Elijah, y eligió el de Diego. No volvieron a hablarse. Cuando los precios bajaron estrepitosamente por la pandemia, Diego se compró un apartamento en Dolores St., la zona más *hip* de

Mission. Su carrera en la compañía seguía en ascenso a pesar del bajón que experimentaba el sector; el asunto no había afectado su otro trabajo, su ganapán.

Se cruzaron una vez. Elijah corría en pantalones cortos. Había ganado mucho peso, tenía el pelo largo, desgreñado. Nunca había sido una gran belleza masculina, pero su expresión se había oscurecido, agrietándose. Derek se había mudado a Los Ángeles, el show había sido cancelado, pero se había unido a un muy buen grupo de guionistas locales; no se sabía mucho más. En el nuevo grupo literario, Elijah ahora era el único hombre.

Seguramente no era imposible vivir sin el entorno social, sin la mirada de otros, como *Walden*, de Thoreau, que deja la civilización y se interna en el bosque. Hubiera sido una vida imposiblemente triste para Victoria Ocampo. Los cuarenta y dos días que pasó en la cárcel del Buen Pastor, el hospicio para prostitutas y mujeres de mala vida donde fue prisionera por ser opositora durante el segundo gobierno de Perón, fueron un suplicio de angustia y desasosiego. "Al fin vivo en la verdad, la prisión es la verdad de la Argentina", escribió Ocampo en *Sur* acerca del régimen que la había encerrado. Nunca era más Victoria que cuando viajaba, brillaba y descubría, siendo ella la adelantada, la conquistadora de mundos. En una de sus primeras incursiones en la sociedad literaria de París conoció a Drieu La Rochelle.

Drieu debió ser uno de los hombres más magnéticos de su tiempo: rubio, alto, atormentado, nihilista, inteligentísimo y con un sentido del humor perversamente genial. La hacía sentir parte de ese mundo y, a la vez, su aplomo de excombatiente de la Primera Guerra Mundial comandaba cierto respeto, que la desafiaba a ser la mejor versión de sí misma. Victoria nunca pudo deshacerse de la primera impresión que le causó, el momento en el que se enamoró de él. Acababa de llegar a la Ciudad Luz siguiendo el fantasma de Tota Cuevas, otra argentina aristocrática que fue su precursora espectral. Había estado muchas veces en París, pero al fin accedía a un salón distinguidísimo, la *crême de la crême*, y era la primera vez que sentía que pertenecía. Más que nada, Victoria se enamoró de quien era Victoria cuando estaba con él, con ese escritor misterioso que hacía de la misantropía una forma deslumbrante de elegancia. Juntos tenían París a sus pies.

Drieu le abrió una ciudad nueva, era su guía y a la vez la despistaba todo el tiempo. En una de sus visitas a la tienda de Mademoiselle Chanel, Victoria se compró un jersey marinero. Una prenda osada, de un tejido que no era la seda suave que se ofrece en las boutiques, algo totalmente nuevo, que implicaba traer lo bajo a lo alto, la vulgaridad al lujo, como había hecho Duchamp con su urinal. Victoria intuía que experimentar con la materia sutil de lo *chic* no sería algo obviamente comprendido; que la moda empezaba a funcionar un poco como el arte mismo. Al verla, Drieu le dijo: "Pareces un estibador del puerto". Nunca ningún hombre le había hablado así, ¿quién se creía que era? Victoria reflexiona sobre sus atuendos porque percibe, como Chanel, que en estos gestos simples como llevar un jersey de rayas marineras está cifrada una modernidad nueva, tan sutil e imperceptible como la materia viva. Y Drieu la descoloca, la hace perder el equilibrio, la saca de su seguridad de princesa del sur a la conquista de todo.

Drieu no concebía amar sin humillar. Su obsesión con la belleza no le da sosiego. "En esta etapa de mi vida solo tolero la compañía de mujeres absolutamente desagradables a la vista, como Susana Soca. Es la única forma en la que puedo estar tranquilo", escribe Drieu a Victoria, aludiendo a sus problemas para tener una erección. La belleza femenina era un memento de su hombría perdida. Drieu había interiorizado la vergüenza, la mirada feroz contra sí mismo. Nadie, en todo el siglo XX, fue más cancelable que Drieu. Fue el editor en jefe de la *La Nouvelle Revue Française* durante la ocupación de París, amigote de los nazis, autor de banalidades racistas, y la vida cultural de Vichy lo hizo compinche de Ernst Jünger. Jünger era francófilo, y Drieu germanófilo: durante la Gran Guerra combatieron en la misma batalla, Drieu del lado francés y Jünger del alemán.

Victoria escribe sobre su romance con Drieu La Rochelle, pero nunca contó nada de las noches que pasó con Mallea. ¿Prefirió ser conocida por sus amantes europeos, aunque fueran nazis? Es difícil rastrear cuándo se apagó su estrella en el firmamento literario, pero una frase suya persiste en el epígrafe de *El cielo protector*, de Paul Bowles. Bowles era fan de Borges, pero lo más probable es que prefiriera enmascararlo, por eso eligió para su epígrafe una frase que parece borgiana pero no lo es: "Lo que tiene nuestro destino de nuestro y de distinto es lo que tiene de parecido con nuestro propio recuerdo". Mallea no tenía un pasado nazi que enmascarar, y sin embargo Victoria prefirió esconderlo a él.

No es fácil ser *femme fatale*, es un deporte de riesgo jugar con el deseo de los hombres. Victoria se ubica en una *dispositio* donde los hombres siempre se desplazan para llegar a ella. Buenos Aires, tan lejana de las metrópolis top del mundo, era su compinche, su *wing-woman*. Para Victoria, los hombres son como países, cosas que le llaman la atención, que le interesan para traer al país que ella está fundando, a su manera. Así se trajo a Buenos Aires a Roger Caillois, cuando recién salía del Collège de Sociologie, a Ortega y Gasset, a Keyserling, a Malraux, a Drieu La Rochelle, a Tagore. Solo Michaux la ignora, y prefiere las costas somnolientas de Montevideo, donde lo espera el encanto discreto de otra mujer brillante y riquísima, Susana Soca. El desaire a Buenos Aires de Michaux (y a ellas) escandaliza a Victoria y a su hermana Silvina, les parece insoportable. Pero a excepción del pródigo Michaux, Victoria los elige, los selecciona, da por sentado su acceso a ellos, en una especie de salón mundial para el que reúne también a algunas mujeres, como Giselle Freund. En esto Woolf tiene algo de razón: Victoria es un poco Sybil, una decoradora que trabaja no con objetos, sino con personas, en su mayoría hombres, que le parecen interesantes. Ella misma nunca está disponible, siempre es la que elige, y su deseo puede ir y venir, a veces es sí y a veces es no, no se le pasa por la cabeza que nadie le marque lo que tiene que hacer. El empoderamiento de Ocampo es que su interés sea el único soberano que decide.

Hay otro episodio de la vida de Victoria y sus hombres que ella escribió, corrigió y luego alguien más púdico (o ella misma, subrepticia) se encargó de eliminar. Lo descubrió la investigadora Ketaki Kushari Dyson, que encontró algo raro en la correspondencia entre Tagore y su secretario, Leonard Elmhirst[1]. Algo no cerraba en la entrada del 14 de noviembre de 1924. Ese día, Leonard había escrito tres frases que no tenían un hilo común, como si las hubiera copiado de otro cuaderno; en la última, menciona que habían estado hablando con Victoria, en un coche, hasta las 1.30 a. m. Ketaki encontró lo que faltaba en los archivos de Ocampo en Buenos Aires, mecanografiado en francés y con correcciones al costado.

Allí, Ocampo cuenta que volvían de comprar todos los libros de Hudson para Tagore. Victoria anota que Leonard muchas veces le había expresado su ternura y admiración. Y de pronto toma la mano de Victoria y la coloca sobre su miembro enhiesto. "Pensé que solo quería tomar mi mano de una for-

[1] Ketaki dedica un capítulo entero al episodio de San Isidro, en su trabajo *In Your Blossoming-flower Garden: Rabindranath Tagore and Victoria Ocampo* (Nueva Delhi, Sahitya Akademi, 1988).

ma amigable, quizás algo amorosa. Pero la puso sobre su órgano sexual, que en el momento dio signos irrefutables de su existencia". Victoria no entiende: "No entiendo cómo él, en ese momento, dio rienda suelta a sus deseos esa noche".

Leonard estaba lejos de ser un casanova; acaso para tender un manto de inocencia, la investigadora Ketaki desliza que, esa noche, Elmhirst aún era virgen, y que dejaría de serlo tres meses más tarde, cuando se casó, lo que es de lo más improbable, porque era habitual que los hombres concurrieran a casas de citas y se vieran habitualmente con prostitutas, impreso acaso en la tosquedad de su conducta. Al reverso de las angustias de Drieu, Leonard la quiere anoticiar de su erección. Lo asiste la astucia del tímido; estaban solos en un auto inmóvil, pasada la medianoche (Leonard consigna 1.30 a. m.), y Victoria venía de hacerle la crónica de su fracaso matrimonial, pero sin mencionar en ningún momento a su amante Julián Martínez, el primo de su esposo, del que se había enamorado a primera vista durante su luna de miel. Leonard, que escribía versos (le dedicó algunos a Victoria) y se la pasaba hablando de lo extranjero que le parecía todo en Argentina, le habría querido transmitir, a esa mujer tan imponente, pero en definitiva sudamericana, que debajo de sus intercambios gentiles y cultos también había un toro carnal guardado para ella. La reacción de Victoria fue vehemente en grado máximo: sale del coche enfurecida y revienta la puerta "de un golpe tan violento que debió escucharse a varios kilómetros". Lo que sigue es amargura. Victoria cree que, desde esa noche, Leonard le guarda resentimiento, porque entiende mal todo lo que ella dice. "Por ejemplo, Leonard imaginaba que mi amor por Tagore era una manera de hacerme un pedestal para mí misma, para poder colocar mi propia estatua ahí, que yo era vanidosa, que yo era egoísta. Egoísta. ¿Lo era? Quizás. Pero no mucho". Esa tarde, mientras corregía ese pasaje (que debía incluir en *Viraje*, el cuarto tomo de su autobiografía, y luego desapareció), Victoria entrevió que los hombres pueden ser juguetes carísimos. Leonard se venga haciéndola sentir mal; como sea, al fin consigue herir, penetrar de alguna manera en Victoria.

En cuanto a Drieu, por más brillante que fuera, su genio no lo protegió de estar profundamente equivocado; por el contrario, lo hundió irremediablemente. Había comprado el paquete de las ideas más feroces de su tiempo, donde la hombría era el último dios, y hacía todo para acatarlo. Creía que un hombre *de verdad* debía ensuciarse las manos, comprometerse hasta el final, ir hasta el fondo, y que lo contrario era de burgués, el que, naturalmente, era el origen social de Drieu. Detrás de la virtud se esconde el trauma, aun cuando en este caso la búsqueda de la virtud de Drieu lo arrastrase hacia su máximo defecto, su atracción por el fascismo. El origen es el único lugar al que no se puede volver, porque era retroceder, dejar que el orden del susurro (de la tierra, de la madre) ganara el juego. Así, saludó con igual énfasis el fascismo, el estalinismo y el ascenso del comunismo chino, como antes había condenado el crecimiento del hitlerismo. Su idea de la hombría fue su tirana absoluta, el automatismo que le permitió seguir publicando panfletos fascistas aunque lo que de verdad lo obsesiona en aquella época, en sus diarios, era la espiritualidad oriental. No puede encaminar su cuerpo, su pene no le funciona hace años, vive del dinero que sus antiguas amantes le pasan regularmente; aunque ninguna dejó registro de su desprecio, como sí le gustaba hacer a Drieu, sabe que a esas mujeres que lo amaron les da pena.

Quizás porque no había salvación ni redención posible para él, soñaba con la regeneración. Soñaba con la transmigración de las almas, con la reencarnación de las culturas orientales, cómo hacer para dejar el cuerpo y que el alma pase a otro mundo, cambie de tema. Lo fascinaba la aceleración total del colapso, que el mundo explotara y se lo llevara con él. Creía, siguiendo a Nietzsche, que no se debe salvar lo que está desmoronándose, sino acelerar su caída. Como la diosa Kali, cree que hay que romper lo que haya que romper para que nazca lo que deba nacer. En sus diarios sueña con la destrucción de Occidente, e invoca una invasión que arrasará con la civilización agonizante: "Saludo con felicidad el ascenso de Rusia y el comunismo. Será atroz, atrozmente destructivo". Lo fascinan por igual la destrucción y la derrota: su novela de 1943, *El hombre a caballo*, cuenta la historia de un dictador sudamericano que toma el poder en Bolivia e intenta crear un imperio. Como no lo logra, se retira de la política y se dedica a resucitar los ritos incaicos, los sacrificios humanos.

Drieu La Rochelle trató de suicidarse al menos dos veces. Moriría por inhalación de gas, como habían muerto los judíos, cuyo exterminio había apoyado durante la república de Vichy. Drieu hubiera estado de acuerdo con su propia cancelación; la procuró él mismo. Podía escapar, gracias a su amigo André Malraux que intentó ayudarlo. Ninguno de sus allegados le dio la espalda, incluso cuando Drieu se había vuelto un *Homo sacer* por mérito propio. Quienes lo conocieron lo quisieron hasta el final y también después de la muerte, incluso Borges, que recuerda recorrer Buenos Aires durante toda la noche con él. Antifascista durante toda su vida, jamás se le ocurrió hacer leña del árbol caído de Drieu.

Después de su suicidio, Victoria le dedicó la humildad de su silencio. Era la manera de salvarlo en su recuerdo, de tener siempre en sí misma a esa Victoria joven con todo por delante, fresca y llena de ambición, una recién llegada en París. Renegar de él hubiera sido renegar de ese recuerdo, que era todo lo que le quedaba de ella misma embelesada, mirándolo por primera vez. Drieu solo le rompió el corazón después de muerto, por escrito. Fueron unas líneas de conmiseración y agradecimiento lánguido en su diario, donde Drieu admitía que sobrevivía gracias a la plata que le pasaba Victoria, entre otras examantes. Había violado lo único que les quedaba, el secreto. "¡Qué estúpido!", escribió Victoria en su diario. No sabemos si volvió a pronunciar su nombre, pero no volvió a mencionarlo en su diario. No solo había muerto, desde entonces no sería más su personaje.

Victoria nunca abandonó su pasión por la belleza masculina. Muchas personas escribieron sobre la impresión que les provocó el primer encuentro con ella, pero lo que no cuentan es la forma en la que se sentían deseadas, la fascinación que transmitía, una intensidad de un imán que busca el contacto. Cuenta Sylvia Molloy que, en los años setenta, de vez en cuando salían a caminar por Nueva York, a perderse por Chelsea, y se metían juntas a las salas de Times Square donde proyectaban películas pornográficas. No era raro que algunas parejas que no podía pagarse un hotel fueran a tener sexo ahí, aunque la mayor parte de la audiencia consistía en hombres solos, con sus miembros afuera. Victoria y Molloy se sentaban atrás, como si buscaran una visión de conjunto, la ficción al fondo y la realidad adelante. Victoria se escandalizaba un poco con el contenido ramplón de las películas y con algunas prácticas, pero nada la movía de su butaca, con sus anteojos icónicos alargados y su tapadito, siguiendo atentamente los acontecimientos rítmicos que se desenvolvían en la gran pantalla. Cuenta Molloy que debía dar una clase y tenía que irse en medio de la función y Victoria salió con ella, pero luego de sentir el sol en Manhattan sobre sus anteojos *cat eye*, volvió sobre sus pies al mismo cine "para ver cómo terminaba". Una escena fuera del cine es la que pinta a Victoria en toda su libertad secreta, en su curiosidad intelectual que nunca dejó de ser una forma de apetito sexual. Se encontraron a tomar una copa, y cuando Victoria divisó por la calle a un jovencito, un adolescente bellísimo que caminaba solo por la calle Strand, se excusó, deslizó unas monedas de su bolso a la mesa, y simplemente salió tras él. Ella debía tener más de setenta años, pero no le bastaba con vislumbrar la belleza: una vez que la encontraba, tenía que perseguirla. No sabemos qué pasó con ese chico, si lo invitó a pasear, si se limitó a seguirlo, a estudiarlo en movimiento, si lo sedujo con la excusa de conversar. Victoria nunca pudo sobreponerse a la belleza de los hombres, era una enfermedad a la que se había acostumbrado, que formaba parte de ella. Aunque escribió toda su vida, la vida de su deseo no está ahí, es como el lado oscuro de la Luna; todavía conocemos solo retazos de la vida oculta del deseo de las mujeres.

Empezaba a hacer frío en Barcelona cuando Laurent me llamó por teléfono. La policía había cerrado el caso contra él por falta de pruebas. Su historia se había convertido en una especie de paradigma puertas adentro. Sin embargo, la fiscal de la policía le había pedido una reunión. Si quería, podía abrir una investigación y querellar a la mujer que lo había metido en este lío, difamándolo con sus calumnias. Quedaron en hablar por teléfono.

La fiscal lo llamó tres días después de lo convenido. Estaba totalmente sobrepasada de trabajo. Laurent la escuchó un poco aturdido, nunca había hablado con la policía. Nunca había terminado de caer en que estaba involucrado, seguía involucrado, en un *asunto criminal*. Simone Clerc hablaba rápido, con voz ronca de fumadora; le dijo que, en los últimos años, este tipo de denuncias se había multiplicado en una escala tal que no daban abasto. Se había convertido en un problema organizacional, porque en la jurisdicción no tenían personal suficiente para lidiar con tantas denuncias de acoso. Era evidente para ella que muchas mujeres habían aprovechado la liberación de la palabra de Me Too para arreglar sus propias venganzas. Al menos una cuarta parte de las denuncias eran, cuanto menos, bastante dudosas, lo cual la ponía en un problema serio porque ella se había metido en la policía precisamente para combatir los abusos y las violaciones reales. Esto le hacía perder el tiempo y la distraía de lo importante, de las mujeres en peligro a las que había que proteger, y por eso quería hablar con él. Quería animarlo a hacer una queja, a abrir una investigación. Si daban con la chica, al menos podría verle la cara. Laurent la escuchó sin salir de su aturdimiento, como dentro de un sueño.

Quedaron en verse en un café del barrio 13, donde ella vivía. Simone había reservado una mesa afuera, en un rincón entre dos pequeñas estufas, el punto más cálido de la terraza. Llegó media hora más tarde. Laurent se puso de pie para saludarla, ella hizo un movimiento de que se quedara sentado, como si no tuviera tiempo para formalidades. Le comentó que comía ahí casi todos los días desde que sus hijas se habían mudado; con un ademán y una mirada a la pizarra, casi lenguaje de señas, le hizo saber al camarero que tomaría una copa de vino y la segunda opción de plato del día, ternera con papas a la bourguignon. Era una mujer pequeña, rápida y enérgica, con el cabello recogido en un rodete algo despeinado. Tenía anteojos livianos de acetato transparente, ojos grises enmarcados por una línea suave de maquillaje azul.

"Bueno, su caso", dijo desplegando la servilleta sobre sus rodillas. "Por qué me quería juntar con usted. Se lo diré directamente. Creemos que la persona que lo contactó, que le mandó esas fotos y que lo denunció en la universidad no existe. O al menos no es quien dice que es. Hemos buscado todos sus perfiles. Hemos contactado a Facebook, a Instagram. Ninguno puede asociar un perfil a una persona real, porque va contra sus regulaciones. Pero mirando sus fotos, que son siempre las mismas en Facebook e Instagram, fotos bastante genéricas donde no hay un rostro completo, creemos que lo más probable es que la existencia misma de esta chica haya sido una fabricación completa. Lo que nos lleva a que esta persona que lo acusó pudo haber sido cualquiera. Un hombre, o una colega, incluso. ¿Tiene usted enemigos en el ámbito de la universidad?".

Laurent se quedó mirándola. La sola pregunta le parecía alucinante. Todo colega es un enemigo en potencia, y a la vez no; no podía imaginarse a nadie que conocía haciendo algo así. Negó con la cabeza.

"Sus colaboradores han coincidido tanto en su carrera y conducta intachables como en el hecho de que este año se abrió un concurso para un puesto que usted no ganó. ¿Esta información es correcta?".

"Sí".

"¿Quién lo ganó?".

Laurent se arqueó sobre la mesa, incómodo.

"No importa quién lo ganó. Esa persona no pudo haberlo hecho. Disculpe, pero no quiero hablar de esto. Espero que entienda que acusar a un colega sin pruebas sería una calumnia de mi parte. Sería repetir esta historia, contagiar a otro de mi propio problema usando el mismo virus. No puedo pensar en alguien 'sospechoso' de por sí".

Simone alargó la mano, lo tocó para tranquilizarlo.

"Alguien, que no sabemos quién, lo dejó afuera del juego. Usted perdió su puesto por más de un año, lo que duró la investigación de la universidad. ¿Conoce la teoría de Turchin? Es muy interesante. Lo vivo yo misma en la policía, pero en el ámbito de la universidad debe ser igualmente feroz. Turchin dice que existe una superproducción de elites, que la cantidad de personas que acceden a la educación superior es cinco veces mayor a la que accedía hace cuarenta años. Mucha gente estudia Historia, Letras, carreras humanísticas, con hermosos ideales de convertirse en un profesor, de entrar en el Panthéon. Y sin embargo, la cantidad de puestos no se ha modificado en lo más mínimo en los últimos setenta años. Quizás hay más puestos burocráticos, porque hay más estudiantes, pero el número de cargos profesorales sigue igual desde la época de Sartre, ¿o me equivoco?".

"Los puestos siguen siendo escasos, sí. Siempre lo han sido".

"Pero ahora esa escasez es, proporcionalmente, mucho mayor. Tengamos en cuenta que la gente vive mucho más tiempo que antes. Algunos se jubilan a los ochenta, ¿no es cierto? Entonces, además de que los puestos son escasos, tampoco se renuevan con la misma celeridad que lo hacían anteriormente, cuando la gente moría y se jubilaba antes. Hago taichí los fines de semana y algunas de mis compañeras tienen ochenta y parecen de sesenta, ¿sabe lo que le digo? Entonces duran más en sus puestos, la demanda sube y se multiplica, y a eso tenemos que sumarle otro factor".

Simone levantó el dedo, como abriendo un compás de espera, su teléfono quería decirle algo, revisó los mensajes y lo guardó.

"Como le decía, el otro factor. Ahora las mujeres estamos de lleno en la fuerza de trabajo. Ocupamos esos lugares, y luchamos por los mismos puestos. Son para ellos o son para nosotras. Antes no era así".

"Y está bien que así sea".

"No tiene que convencerme de su feminismo, señor Hulot. Piense racionalmente", continuó Simone. "Esto no tiene nada que ver con los principios feministas, sino con la utilización de los recursos. Es Darwin. Por eso le quiero comunicar que lo más probable es que nunca demos con esa chica. Las redes sociales no sueltan información, sirven para diseminar denuncias que son judiciables, pero luego *no se comportan como entes judiciales.* No aportan pruebas para esclarecer los casos que diseminan. Todo lo que hay de estas redes son… usuarios de redes sociales. No hay una dirección postal. Cuando envió esas cartas a la universidad, esta persona puso un remitente falso. Es fácil de verificar, la dirección es una fábrica de pastas en Sète. Qué pena que la universidad no confirmó la identidad de esa persona antes de organizar un proceso contra usted, ¿no le parece?".

Laurent se quedó inmóvil unos instantes. Mojó el pan en el plato, algo que no hacía nunca, o no cuando estaba con alguien a quien no conocía. No sentía especial confianza con Simone, pero el mundo que respetaba, con sus reglas y convenciones, tenía una faz tan borrosa como el rostro de una mujer que le había causado la ruina y a la que no vería nunca. Apagó una risa oscura con un poco de vino.

"Ya entendí. Usted se encuentra conmigo para que le vea la cara a alguien".

Ella sonrió.

"Gran cantidad de jóvenes provienen de familias donde los han amado, donde han sido criados para expresarse, alrededor de eslóganes como 'lo mejor que puedes ser es tú mismo', 'tú puedes cambiar el mundo'. Tienen una tolerancia baja para el fracaso, y se sienten estafados, han perseguido sus sueños y sus sueños los han llevado a trabajar en supermercados porque es imposible conseguir trabajo a la altura de sus yoes burgueses e idealistas. El cuentito de sé tú mismo solo ha creado una generación resentida, amarga y furibunda, y sus expectativas elevadísimas se chocaron con el peor momento del mercado laboral. La multitud de temperamentos sensibles, liberales, artísticos que emprenden el vuelo de las Grandes Écoles, hacia carreras artísticas y de humanidades, excede exponencialmente la demanda de las cosas que puedes hacer con esos diplomas. Me Too es un reclamo legítimo de las mujeres, pero lo interesante es que se da en un contexto donde es necesario que una cantidad masiva de gente *salga de escena.* Antes existía el parricidio intelectual, ¿te acuerdas? Intelectuales que creían que había que cargarse a Sartre, a Foucault, ¿me equivoco? Una generación centraba en algunas figuras el blanco de los errores que la nueva generación se proponía remediar. En esta generación no hay *parricidios,* nadie termina de morir, las ideas se apelmazan en charcos de otras ideas. Un tipo como tú es imposible de ser abatido con la fuerza de un currículum. Pero de ahora en más, tu único mérito será la buena conducta. Quizás en la Sorbonne no vendría mal actualizar un poco las lecturas, ¿no?", dijo la fiscal prendiendo un nuevo cigarrillo, satisfecha de haber sorprendido al profesor. Laurent sintió que sonreía por dentro, pero su rostro no se inmutó.

La fiscal le extendió su teléfono. Con la ayuda del editor de imágenes de Google habían puesto una foto de la denunciante y habían dado con una cuenta de OnlyFans. Una chica marroquí que vivía en las afueras de Nápoles y vendía fotos dedicadas por dos a cuatro euros. Lo primero que reconoció Laurent fue la tanga de algodón color damasco. Había otras en tanga blanca y negra, distintas de las que le había enviado. Reconoció los azulejos azules del baño de una casa humilde, que ahora veía con mayor detalle. La chica tenía otro nombre, no había forma de que lo hubiera denunciado, pero al verlas tuvo la certeza de que habían sido las fotos de su supuesta amante. Había muchas más fotos, más tipo *bondage*, listas para atraer y atrapar a otros hombres, quizás otros *normaliens* con carreras brillantes a punto de eclosionar. No, no podía engañarse, ningún otro *normalien* hubiera sido tan estúpido como él. Cerró el teléfono.

"¿Es mucho peor, no te parece? Que la persona no haya existido nunca me da más miedo", me dijo despacio, desde el bus que lo llevaba a République. Había retomado su rutina y vuelto a trabajar, se sentía mejor. Se había enterado de la muerte de Javier Marías; su libro favorito de él era *Tu rostro mañana*. Toda la novela gira en torno a la idea de cómo podemos conocer el verdadero rostro, la faz traicionera y futura de alguien cercano, de un amigo que más tarde se revelará dañino; solo que, en su caso, no había ni siquiera un rostro. Apenas unas fotos en tanga compradas por menos de cinco euros.

"Siento como si me hubieran sacado de la basura. Y todavía huelo a basura. Es como los filósofos cínicos. Ellos amaban estar en la basura, escribían desde ahí. Ya no me importa la academia, ¿sabes? Me cago en el Panthéon. Me liberé de esa creencia. Yo era un sacerdote con mi fe, y mi fe me hizo hereje. El Estado de derecho no existe. Que la policía me llame, que la fiscal de la policía se encuentre conmigo, no acrecienta mi fe. Terminó siendo una historia de amor al final. Fue la Sorbonne, la institución, la que me rompió el corazón. Ahora soy libre".

Los últimos rumores que me llegaron de París decían que el proceso de Laurent le había convenido mucho menos al movimiento de mujeres que a cierto Olimpo profesoral, una selecta logia de hombres que sí abusaban de su poder sobre las alumnas y que, ahora, gracias a la caída de Laurent, veían probada su virtud, ya que nadie los perseguiría precisamente porque habían integrado las filas virtuosas de los que persiguen, y con eso habían escrito la última página, habían robustecido su dominio, sus privilegios intocables. ¿Había sido así con todos? ¿El trabajo fatídico de la suerte, el arte de volverse invisible en el momento justo? Una casta que siempre saca partido del clima de época, aun cuando sea su blanco, que se deshace del remanente para aplacar la ira divina. No lo sé, no puedo saberlo; las derivas monstruosas y magníficas del poder de una mujer son inescrutables. En cuanto a mí, el despliegue de Lola solo sirvió para romper cualquier puente entre nosotras; pero la amistad, como el amor y los imperios, también tiene sus ciclos de apogeo y de ruina. El hombre siempre fue secundario en nuestro caso, como Helena en Troya; una excusa ardiente que oculta otra guerra.

Al poco tiempo llegué a Buenos Aires, en medio de una de esas tormentas feroces que sacuden los cimientos de la ciudad. Las avenidas parecen ríos, el agua corre como ratas enloquecidas por las alcantarillas, las bocas de subte y los puentes forman pequeñas cataratas. Es como si la ciudad fuera una retahíla de hongos de concreto, roca y vidrio que emergen entre la mata, y una verdad selvática se revelara entre las cosas. Todo se contagia de ráfagas de conmoción que vuelven los colores más intensos, los verdes más brillantes, y las emociones se pliegan al vendaval, como dragones que no se pueden explicar ni controlar, de la inflación crónica al dengue unánime a la sudestada fatídica, Argentina resiste y es capaz de sobrevivir pero siempre al borde. Solo cuando vuelvo a Belgrano, a mi barrio de la infancia, me doy cuenta de que lo que más extraño es esta lluvia de fin del mundo. Filmo videítos de hojas heroicas que resisten el furor de las alcantarillas de la calle Zabala. Me quedo mirando el agua, las zapatillas y las medias mojadas, empapada hasta los huesos. Debería dejar de hacer tiempo. Una mujer a la que amo, y que me aterra, me espera.

AGRADECIMIENTOS

Este libro existe gracias a innumerables conversaciones con amigos, y su sustancia profunda es la ficción. Gracias a Ariel Schettini, Flor Grieco, Gonzalo Garcés, Milena Busquets y a Ernesto Montequin, mi Virgilio de la supernova Ocampo. Gracias a Leopoldo Kulesz, Carlitos Sturla, Pablo Dreizck, Pía Mancini, León Pace, Adam Morris, Gastón Terrones Dimant, Elo Ballivián, Francis Bertelloni, Paula Klein y Julieta Brotsky. Gracias a mi tía Martha, a mi agente María Lynch, a mi editora Maga Etchebarne, así como, muy especialmente, a quienes me confiaron sus historias.

ÍNDICE